काश! मैं बादल होता

(मेरी पहली 51 कविताएं)

काश! मैं बादल होता

(मेरी पहली 51 कविताएं)

आशुतोष झुड़ेले 'ओ रे कबीरा'

WishTree
Publishing

An imprint of White Falcon Publishing

काश! मैं बादल होता

आशुतोष झुड़ेले 'ओ रे कबीरा'

Published by WishTree Publishing

An imprint of White Falcon Publishing
Chandigarh, India

ISBN - 979-8-89222-560-1

Printing and Distribution by WishTree Publishing

प्रिय शिखा, आदित और अदिति के लिए
जो हमेशा मेरा उत्साह बढ़ाते रहे
परिवारजन और दोस्तों के लिए
जिनके साथ बहुत सी यादें इन कविताओं में व्यक्त हैं
मेरे माता-पिता को मेरी तरफ से पचासवीं वर्षगांठ पर भेंट

अपनी बात

जब भावनाओं को विचार मिल जाते हैं और विचारों को शब्द तब कविता अपने आप ही बन जाती है और आप कवि। 'काश मैं बादल होता' मेरी कुछ ऐसी ही कविताओं का पहला संग्रह है। ये 51 कविताएं मेरे जीवन के उतार चढ़ाव, खुशी और दुख, त्योहारों, घटनाओं और व्यवहारिकता को शब्दों में पिरोती हैं और भावों को व्यक्त करती हैं।

ये कविताएं रोज़ के अनुभव बतातीं हैं, जैसे एक मेज़ जो मेरी मॉर्निंग वॉक के रास्ते में पड़ती है और हमेशा उस पर कोई न कोई बैठा दिखता है। एक बार वो मेज खाली मिल गयी तो बड़ी खुशी का अनुभव हुआ। कहने को ऐसा कुछ भी बड़ा नहीं था लेकिन मुझे लगा जैसे किस्मत खुल गई हो। 'बाग़ीचे की मेज़' कविता इसी ख़ुशी तो बयान करती है. इसी तरह 'कुछ खाली ख्याल' और 'अभी तक कोई सोया नहीं' छोटी छोटी आपबीती का रचनात्मक रूप है।

मेरे पिता जी बैंक में कार्यरत थे। उनके बहुत जगह तबादले हुए। हर बार स्कूल बदले और बहुत सारे दोस्त बनते चले गए। हॉस्टल में रहने का एक फायदा हुआ की हर रोज़ कई किस्से

जुड़ते रहे। कुछ कविताएं ऐसे ही किस्सों और दोस्तों के इर्द-गिर्द घूमती रहती हैं। इस किताब में शामिल कविता 'मैंने बहुत से दोस्त इकट्ठे किये हैं' बहुत से किस्सों और दोस्तों को एक साथ जोड़ देती है। कुछ कविताएं उन भावनाओं को प्रस्तुत करने में मदद करती हैं जो वैसे शायद बहुत मुश्किल से बाहर आते। मसलन– आपके हमउम्र मित्रों का आकस्मात निधन, किसी प्रिय मित्र से मिला धोखा या कोई ग़लतफ़हमी।

'भोपाल' इस संग्रह की एक छोटी कविता है, कुल आठ आधी पंक्तियां, लेकिन ये कविता मेरे जीवन की सबसे भयानक घटना को दर्शाती है। 1984 में भोपाल गैस त्रासदी के समय हमारा घर केमिकल फैक्ट्री से आधा किलोमीटर ही दूर था। रात को भागना, किसी तरह हमारी जान बची पर अगले कुछ दिनों की तस्वीरें अभी भी बुरे सपने की तरह अक्सर सताती हैं।

होली मेरा सबसे पसंदीदा त्यौहार है। रंगों में सने चेहरे, हर तरफ चहकते लोग, पकवान, भक्ति, संगीत और आनंद ही आनंद। इन सब को शब्दों में प्रस्तुत करती हैं संग्रह की कविताएं।

'काश मैं बादल होता' केवल कविताएं नहीं हैं, ये मेरी भावनाएं, मुझ से जुड़ी घटनाएं, अनुभव और प्रेरणा हैं। इन कविताओं ने अब किताब की शक्ल ले ली है। कविताएं कैसी हैं, इसका फैसला आप सभी को करना है। आशा यही करता हूं कि आपको पसंद आएंगी।

–आशुतोष झुड़ेले 'ओ रे कबीरा'

अनुक्रम

काश! मैं बादल होता

काश! मैं बादल होता

काश! मैं बादल होता,
थोड़ा पागल होता,
अपनी मौज़ में मशग़ूल होता,
कहते लोग मुझे आवारा बादल,
हवा के झोकों पर मेरा घर होता,
हर मौसम रंग बदलता।

काश! मैं बादल होता
थोड़ा पागल होता,
कभी सूरज का काजल,
कभी चंदा का आँचल होता,
कभी राजकुमार का घोड़ा,
कभी सुन्दर परी के पंख होता।

काश! मैं बादल होता
थोड़ा पागल होता,
तारों के संग आँख मिचौली खेलता,
पंक्षियों संग ऊँची उड़ान भरता,
रूठ जाने पर ज़ोर गरजता,
खुश होकर फिर खूब बरसता।

काश! मैं बादल होता
थोड़ा पागल होता,
आशिक़ों की छप्पर होता,
दीवानों जैसे मस्त झूमता,
कहानी बनता, कविता बनता, गीत बनता,
रंगों में भी खूब समता।

काश ! मैं बादल होता
थोड़ा पागल होता,
बहरूपिया बन ख्याल बुनता,
सब मुझसे जलते आहें भरते,
सोच मेरी आज़ाद होती,
आज़ाद मैं होता जैसे परिंदा,
काश ! मैं बादल होता
थोड़ा पागल होता,
काश ! मैं बादल होता
थोड़ा पागल होता।

पतंग सी ज़िन्दगी

आज बड़े दिनों बाद एक लहराती हुई पतंग को देखा,
देखा बड़े घमंड से, बड़ी अकड़ से तनी हुई थी
थोड़ा गुमा था कि बादलों से टकरा रही है,
हवा के झोंके पर नख़रे दिखा रही है

यकीन था... मनचली है, आज़ाद है..
एहसास क़तई न था कि बंधी है, एक कच्ची डोर से,
नाच रही है किसी के इशारों पर, धागे के दूसरे छोर पे,
इतरा रही है परिंदों की चौखट पर, आँखें दिखाती ज़ोर से

ज़रा इल्म न था कि तब तक ही इतरा सकती है,
जब तक अकेली है
तब तक ही दूर लहरा सकती है,
जब तक हवा सहेली है

जैसे ही और पतंगे आसमान में नज़र आई,
घबराने लगी!
जैसे ही हवा का रुख बदला,
लड़खड़ाने लगी

डर था,
कहीं डोर कट गई,
तो आँधी कहाँ ले जाएगी?

डर था,
कहीं बादल रूठ गए,
तो कैसे इठलाएगी?

डर था,
कहीं बिछड़ गई,
तो क्या अंजाम पाएगी?

डरी हुई थी, सहमी हुई थी...

वो काटा है!! हुँकार गूँज उठी...
एक फ़र्राटेदार झटके में, पलक झपकते,
दूजी पतंग ने काट दी नाज़ुक़ डोर,
अकड़ चली गई, कट गई, नज़र न आई घमंड की दूसरी छोर

ओ रे कबीरा, थी पतंग बड़ी असमंजस में...

क्या सीना ताने डटी रहे किसी माँझे की गर्जन पर?
या लड़े और पतंगों से किसी के प्रदर्शन पर?
क्या कट-कर छुट-कर कुछ समय ही सही, आज़ाद रहे हवा की तरंगों पर?
या फिर बार-बार लुट कर शामिल हो बच्चों की उमंगों पर?

बादलों के बीच आज़ादी का जश्न मनाती,
चरखे को पीछे छोड़, नज़रें चुराती दूर निकल जाती
मायूस थी उदास थी धरा के पास थी,
लहराती बलखाती मतवाली उसकी चाल थी

लूटो इस पतंग को!!!
चिल्ला पड़े गली में उछलते बच्चे
ऊपर निगाहें चढ़ी हुई बाहें
कूंदते फांदते भागे सारे शोर मचाते मौज मानते

जान वापस पतंग में मानो आई,
फिर इतराई, लहराई, हवा के नशे में बहकाई
ऊपर नीचे कुछ इधर कुछ उधर भागे आगे पीछे
मेरी है!!! चिल्लाया इक बालक छोटी डोर खींचे

फिर बंधी, माँझे चढ़ी,
फिर हवा के झोंके संग की लड़ाई,
फिर बादलों से टकराई,

फिर दूर उड़ चली, आसमाँ में मुस्कुराती नज़र आई

पतंग सी ज़िन्दगी,
पतंग सी मेरी ज़िन्दगी,
इठलाती इतराती लहराती मुस्कुराती,
बार-बार दूर उड़ी चली जाती और फिर वापस आ जाती!

चुरा ले गए

चुरा ले गए सुबह से ताज़गी,
कुछ लोग शाम से सादगी चुरा ले गए

चुरा ले गए ज़िन्दगी से दिल्लगी,
कुछ लोग बन्दे से बंदगी चुरा ले गए

चुरा ले गए आईने से अक्स,
कुछ लोग मेरी परछाईं चुरा ले गए

चुरा ले गए दिल का चैन,
कुछ लोग आँसुओं से नमी चुरा ले गए

चुरा ले गये बादलों से सतरंग,
कुछ लोग पहली बारिश की ख़ुशबू चुरा ले गए

चुरा ले गए बागीचे से फूल
कुछ लोग आँगन की मिट्टी चुरा ले गए

चुरा ले गए जिस्म से रूह,
कुछ लोग कब्र से लाश चुरा ले गए

चुरा के आए ख़ाक में डूबी चौखट पर ओ रे कबीरा,
कुछ लोग चार आने का हिसाब ले गए

हिचकियाँ

बहुत हिचकियाँ आ रही हैं,
आप इतना न मुझे याद किया करो
बातें तो बहुत करते हो मेरी,
कभी मिलने के बहाने बना लिया करो

लगता है जैसे कल ही की बात है,
आप कहते थे बेवजह जश्न मना लिया करो
आज बस जश्न की बातें हैं,
कभी ख़ुशी कभी ग़म बाट लेने के बहाने ढूँढ लिया करो

याद तो होगा जब थोड़ा बहुत था,
और हम कहते थोड़े में बहुत के मज़े लिया करो
अब और-और की होड़ लगी है,
कभी थोड़े छोटे-छोटे पल बुन लिया करो

चलते चलते हम आड़े-तिरछे रास्तों में भटकेंगे,
तुम यूँ ही भटक कर फिर मिल जाया करो
वैसे तो आज में जो जीने का असली मज़ा है,
कभी कल को याद कर मुस्कुरा लिया करो

फूल चुन कर हमने गुलदस्ता बनाया है,
भौरों को भी गुलिस्तान में मँडराने दिया करो
आज हमारा सुंदर एक घरौंदा है,
कभी बिना बताए चले आया करो

ढूँढते हैं हम ख़ुशियाँ गली गलियारों में,
आगे बढ़ कर मुस्कुराहटें तोड़ लाया करो

देखो तो हर तरफ़ अनेकों रंग हैं,
कभी अपनी चहक से और रंग घोल जाया करो

हँसना है रोना है रोते रोते हँसना है,
हर लम्हे को यादों में क़ैद कर लिया करो
आज मेरे पास यादों की पोटली है,
कभी तुम गठरी से मेरी निशानी ले जाया करो

बहुत हिचकियाँ आ रहीं है,
आप इतना न मुझे याद किया करो
बातें तो बहुत करते हो मेरी,
कभी मिलने के बहाने बना लिया करो

H3CNCO
भोपाल जं.
BHOPAL JN.
UNION CARBIDE
KILLER
SHOULD BE HANGED
WE WANT JUSTICE
ARREST THE WARREN ANDERSON
02/12/1984

भोपाल

हवा क्या होती है, पूछो भोपाल से...
पानी क्या होता है, पूछो भोपाल से...
रात क्या होती है, पूछो भोपाल से...
सब्र क्या है, पूछो भोपाल से...
अन्याय किसे कहते हैं, पूछो भोपाल से...
बिना दोष के सज़ा क्या होती है, पूछो भोपाल से...
ज़िन्दगी और मौत का फासला, पूछो ये भी भोपाल से...
अगर जवाब न मिले, पूछो तो चिल्लाके...!!!

पहचानो तुम कौन हो?

बिछड़ गया था अपनी माँ से घने जंगल में जो,
शेरनी का दूध पीता शावक था वो,
भूखा-प्यासा गिर पड़ा थका-माँदा मूर्छित हो,
मिल गया भेड़ के झुंड को...

अचंभित भेड़ बोली– पहचानो तुम कौन हो?

चहक उठा मुँह लगा दूध भेड़ का ज्यों,
बड़ा होने लगा मेमनो के संग घास चरता त्यों,
फुदकता सर-लड़ाता मिमियाता मान भेड़ खुद को,
खेल-खेल में दबोचा मेमने को...

घबराकर मेमना बोला– पहचानो तुम कौन हो?

सर झुका घास-फूस खाता, नहीं उठाता नज़रें कभी वो,
सहम कर भेड़ों की भीड़ संग छुप जाता भांप खतरा जो,
किसी रात भेड़िया आया चुराने मेमनों को,
भाग खड़ा हुआ भेड़िया देख शेर के बच्चे को...

ख़ुशी से मेमने बोले– पहचानो तुम कौन हो?

जवान हुआ, बलवान हुआ, दहाड़ने लगा, लगा मूंछे तानने वो,
थोड़ा हिचकिचाने लगीं भेड़ देख उसके पंजों को,
भरी दोपहरी एक और शेर आया भोजन बनाया दो भेड़ों को,
और घूरता रहा मिमियाते भेड़ की रूह वाले इस शेर को

ग़ुस्से में दहाड़ा बोला– पहचानो तुम कौन हो?

भ्रमित-परेशान पूछा अपनी माँ से कि बताओ तुम मेरी कौन हो?
दिन भर घूमता रहा, भटकता रहा कुछ समझ न आया पूछे किसको?
लपका शिकारी शेर घसीट ले गया पानी किनारे उसको,
गरजा गुर्राया, देख अपना अक्स, अपनी परछाई... और मुझको

गर्दन दबोच बोला– पहचानो तुम कौन हो?

क्या संदेह? क्यों संदेह है? क्यों ख़ुद पर शंका करते हो?
जैसे था शेर भेड़ नहीं वो, पहचानो तुम कौन हो?
दृढ़ हो सबल हो देखो अंदर तो, क्यों मामूली ख़ुद को समझते हो?
सुनो अंतर-आत्मा की आवाज़ को, पहचानो तुम कौन हो?

ओ रे कबीरा बोला– पहचानो तुम कौन हो?
पहचानो तुम कौन हो, पहचानो तुम कौन हो?

वास्ता

बस चार कदमों का फासला था,
जैसे साँसों को न थमने का वास्ता था
रुक गये लफ्ज जुबान पर यूँ ही,
जैसे शब्दों को न बयान होने का वास्ता था

निग़ाहें उनकी निग़ाहों पर टिकी थीं,
मेरी झिझक को तीखी नज़रों का वास्ता था
कुछ उधेड़ बुन में लगा दिमाग़ था,
क्या करूँ दिल को दिल का वास्ता था

कलम सिहाई में बड़ी जद्दोज़हद थी,
पर ख्वाबों को ख़यालों का वास्ता था
लहू को पिघलने की ज़रूरत न थी,
पर ख़ून के रिश्तों का वास्ता था

फूलों को खिलने की जल्दी कहाँ थी,
कलियों को भवरों के इश्क़ का वास्ता था
बारिश में भीगने का शौक उनको था,
कहते थे बादलों को बिजली का वास्ता था

दो शब्द कहने की हिम्मत कहाँ थी,
पर महफ़िल में रफ़ीक़ों का वास्ता था
थोड़ा बहकने को मैं मजबूर था,
मयखाने में तो मय का मय से वास्ता था

न मंदिर न मस्ज़िद जाने की कोई वजह थी,
मेरी दुआओं को तेरे रिवाज़ों का वास्ता था

न ही तेरे दर पर भटकने की फ़ितरत थी,
ओ रे कबीरा... मुझे तो मेरी शिकायतों का वास्ता था

मुझे तो मेरी शिकायतों का वास्ता था

हम सोचते हैं

हम सोचते हैं,
महात्मा पंडित क़ादरी दे गया और बाबा ठाकुर दलित।
पर देख नहीं सकते,
चाचा के तब मजे थे और अब ताऊ-नेता-बहन-बहू के॥

हम लोग कल भी अकड़े थे और आज भी चौड़े हैं।
हम पहले भी मंद थे और अब भी मूरख हैं॥

होली है

सब बोले न चढ़े कोई रंग, जब हो हर तरफ लाल रंग।
छुप गया नीला आकाश, खो गया सतरंगी गगन॥

बट गए नारंगी-हरे रंग, थक गये हम देख काले-सफ़ेद रंग।
दिखती नहीं रंगीन वादियां, तितलियों ने खोया रसिक ढंग॥

गर्म हो गया पवन का मन, लहरें भूल गईं खनक छन-छन।
वापस आने दो लड़कपन, हस लो सोच के चंचल बचपन॥

लो आ गयी होली लेकर बसंत, हर तरफ होगा बस रंग ही रंग।
जो बोले न चढ़े कोई रंग, चपोड़ दो उनको नीला-पीला संग प्रेम रंग॥

॥होली है॥

बेगाना

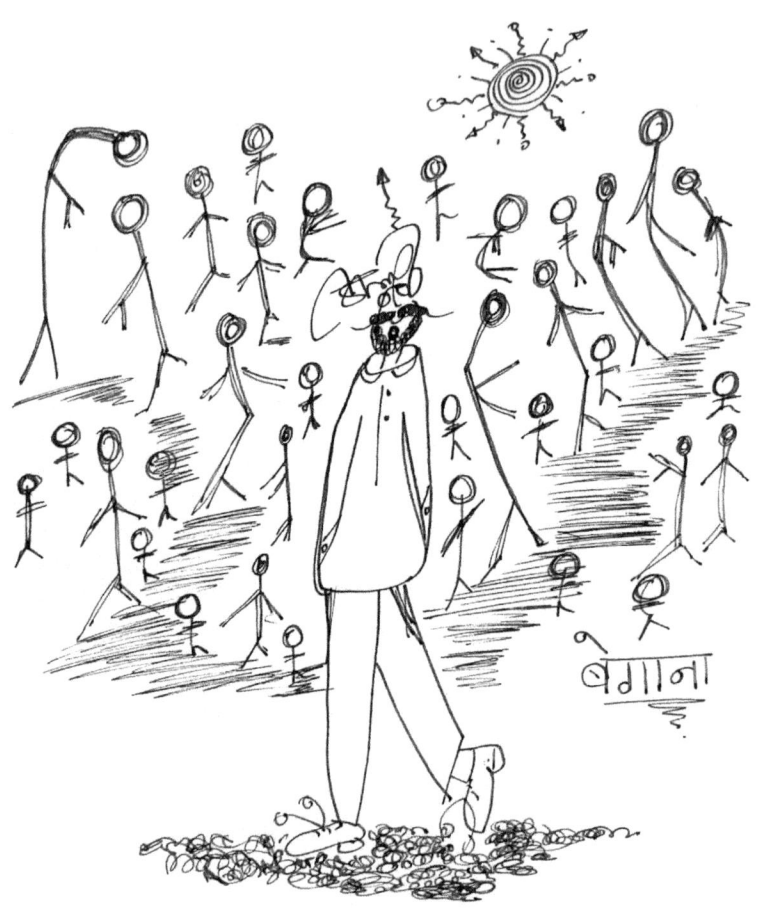

बेगाना

थोड़ी धूप थोड़ी छांव का वादा था,
थी चेहरे पर मुस्कराहट और मुश्किलें झेलने का इरादा था

ढूंढ़ती रही आँखें खुशियाँ, पर आंसुओं का हर कदम सहारा था
मुसाफिर बन निकल तो चला, अनजान कि जीवन भी एक अखाड़ा था

चारों तरफ़ थी ऊँची दीवारें, हर रुकावट से टकराने का वादा था,
थी हिम्मत तूफानों से लड़ने की और चट्टानों को तोड़ कर जाने का
इरादा था

एक तरफ जज़्बा, दूसरी ओर जोश का किनारा था
पता नहीं कौन जीता और किसको हार का इशारा था

पता था आसान नहीं होगा, पर आगे बढ़ते रहने का वादा था
रोका पैर के छालों, कटीले रास्तों ने पर न रुकने का इरादा था

मील के पत्थर तो मिले बहुत, पर मंज़िल अभी भी एक नज़ारा थी
थी मंज़िल हमसफ़र... ओ रे कबीरा बेहोश बिलकुल बेगाना था

थोड़ी धूप थोड़ी छांव का वादा था,
थोड़ी धूप थोड़ी छांव का वादा था

राम राम राम नाम

राम राम राम राम, राम नाम राम नाम
राम राम राम राम, राम नाम राम नाम

सुख देवे राम नाम, दुःख लेवे राम नाम
जीतों में राम नाम, रीतों में राम नाम
भटके तो राम नाम, अटके तो राम नाम
बिछड़े तो राम नाम, बिगड़े तो राम नाम

राम राम राम राम, राम नाम राम नाम
राम राम राम राम, राम नाम राम नाम

कष्ट हरे राम नाम, जन्म तरे राम नाम
भक्ति दे राम नाम, शक्ति दे राम नाम
ऋद्धि दे राम नाम, सिद्धि दे राम नाम
प्रीत है राम नाम, मीत है राम नाम

राम राम राम राम, राम नाम राम नाम
राम राम राम राम, राम नाम राम नाम

चिदानंद है राम नाम, सदानंद है राम नाम
तदन्तर है राम नाम, अनन्तर है राम नाम,
अनुभूति है राम नाम, भवभूति है राम नाम
पावन है राम नाम, मनभावन है राम नाम

राम राम राम राम, राम नाम राम नाम
राम राम राम राम, राम नाम राम नाम

आए ले राम नाम, जाएं ले राम नाम,

अचल है राम नाम, हर पल है राम नाम
कल था कल है राम नाम, कालों काल राम नाम
मंगल कारी राम नाम, अमंगल हारी राम नाम

राम राम राम राम, राम नाम राम नाम
राम राम राम राम, राम नाम राम नाम

कौशल्या के लल्ला राम, दशरथ नंदन राम राम
हनुमंत हृदय बसे सीता राम, भरत नैनन राम नाम
लखन के भैया राम, सबरी के प्यारे राम
सीता-राम जय सियाराम, रघुपति राघव राजा राम

राम राम राम राम, राम नाम राम नाम
राम राम राम राम, राम नाम राम नाम

सज ले तन राम नाम, भज ले मन राम नाम
जय सियाराम जय सियाराम, जय सियाराम जय सियाराम
राम राम राम राम, राम नाम राम नाम
राम राम राम राम, राम नाम राम नाम

दशहरा

करिश्मे तो रोज़ होते हैं हमारे सामने, नज़र अंदाज़ हो जाते हैं हमारी उम्मीदों की आड़ में...
कभी गर्मी में इंद्रधनुष के रंग और कभी बारिश के कीचड़ में कमल,
छोड़ कर छोटी-छोटी खुशियां खोए हुए हैं हम।

भूल गए कितना इंतज़ार करते थे त्योहारों का हम
अब बस सोचते हैं कब मिलेंगे कुछ क्षण जब छलके क़दम...
देखो बच्चों की शैतानी और याद करो पिटाई के बाद की मरहम
जब तब नहीं रुके कदम तो फिर आज क्यों रुके हम।

चलो आ गया दशहरा निकाल लो झालर-झंकार, जगमग कर लो अपना छोटा सा संसार...
मिटे दोष हटे-क्रोध छटे-विवाद,
हर तरफ हो आशाओं की...खुशियों की जय जयकार

मन व्याकुल

मन व्याकुल क्यों विचलित करते,
ये अनंत विचार
झंझोड़ देते क्यों निर्बल करते,
ये अनगिनत आत्म-प्रहार

प्रबल-प्रचंड-उग्र-अभिमानी,
झुकते थक कर मान हार
चक्रवात-ओला-आंधी-बौछार रूक जाती,
रुकते क्यों नहीं ये व्यर्थ आचार

क्यों टोकते, क्यों खटखटाते,
स्वप्न बनकर स्मृति बुनकर ये दुराचार
कहां से चले आते क्यों चले आते,
ये असहनीय साक्षात्कार

केवल ज्ञान-पश्चाताप-त्याग-परित्याग,
भेद न सके चक्रव्यूह आकार
कर्म-भक्ति-प्रार्थना-उपासना,
है राह है पथ नहीं दूजा उपचार

मन व्याकुल क्यों विचलित करते,
ओ रे कबीरा... ये अनंत विचार
राम नाम ही हरे, राम नाम ही तरे,
राम नाम ही जीवन आधार

बुरा न मानो होली है

छिड़को थोड़ा प्यार से तो सारे रंग ही रंग हैं
जो ज़रा सी भी कड़वाहट न हो तो प्रेम अभंग है

पकवानों में, मिठाइयों में, वैसे तो स्वादों के रंग ही रंग हैं
जो कोई द्वारे भूखा न सोए तो मानो जीती ये जंग है

हँसते मुस्कराते चेहरों में खुशियों के रंग ही रंग हैं
जो सभी के पुछ जाएं आंसू तो सच्ची उमंग है

दूर-दूर तक गाने बजाने में जोश के रंग ही रंग हैं
जो हम अभिमान के नशे में धुत्त न हों तो स्वीकार ये ढंग है

छेड़खानियों में, चुटकुलों में तो हास्य रंग ही रंग हैं
जो बदतमीज़ी जबरदस्ती हटा दी जाए तो असली व्यंग है?

भीगे कपडों में लिपट पिचकारी में लादे सारे रंग ही रंग हैं
जो एक प्याली चाय और पकोड़े हो जाएं तो दूर तक उड़े मस्ती की पतंग है

घर-परिवार, मित्र-दोस्तों के साथ त्योहार मनाने में रंग ही रंग हैं
जो थोड़ी भक्ति मिला दें, आस्था घोल दें तो होली नहीं सत्संग है

हम सब दूर सही पर संग हैं तो हर तरफ़ रंग ही रंग हैं
जो रूठ कर घर में छुप कर बैठे तो जीवन बड़ा बेरंग है

गिले-शिकवे मिटा लो देखो फिर होली के रंग ही रंग हैं
बुरा न मानो होली है तभी तो सदैव से उत्तम प्रसंग है

ऐसे कोई जाता नहीं

आज फिर आखों में आँसू रोके हूँ, आज तो मैं रोऊँगा बिल्कुल नहीं
आज मैं और भी ख़फ़ा हूँ, आज मैं चुप रह सकता बिल्कुल नहीं

जाना तो है सबको एक दिन, पर ऐसे जाने का हक़ तुझको था ही नहीं
बहुत तकलीफ़ हो रही है, पर आँसू बहाने की मोहलत मिली ही नहीं

बिछड़ने के बाद पता चला, फ़ासले बहुत छोटे हैं कोई बड़ा नहीं
हमेशा की तरह पीछे-अकेले छोड़ गया, देखा मुझे पीछे खड़ा क्यों नहीं

इतनी शिकायतें है मुझको, पर अच्छे से लड़ने का मौक़ा तूने दिया ही नहीं
ग़ुस्सा करने का हक़ है मेरा, पर किस पर जताऊँ तू तो अब है ही नहीं

वो ठिठोलियाँ, वो छेड़खानियाँ, फ़र्श पर लोट-लोट कर हँसना,
याद करूँ या नहीं?
केवल खाने की बातें, खाने के बाद मीठा, और फिर खाना,
याद करूँ कि नहीं?

वो साथ लड़ी लड़ाइयाँ, रैगिंग के किस्से, छुप कर सुट्टे,
याद करने के लिए तू नहीं
वो बेवजह बहस, टाँग खिंचाई, मेरी पोल खोलने वाला अब कभी मिलेगा नहीं

आँखें बंद करूँ या खोल के रखूँ, तेरा मसखरी वाला चेहरा हटता ही नहीं
खिड़की से बाहर काले बादल छट गए, फिर भी तू दिखता क्यों नहीं

रह-रह कर याद आते है हर एक पल, फिर मिलेंगे– ये दो लफ़्जों की बातें नहीं
कैसे ये यक़ीन दिलाऊँ ख़ुद को कि अब हमारी यादें हैं और हम नहीं

हमेशा हँसता रहा, मुखौटे के पीछे का राज़ बताया क्यों नहीं?
बोला इस साल मिलते हैं, पर अपना दोस्ती का वादा निभाया क्यों नहीं?

जाने की इतनी जल्दी थी, ख़ुदा से हमारी बात तो की ही नहीं
कोशिश करूँगा ख़ुद को बहला लूँ, मलाल रहेगा फिर मिलेंगे बोला ही नहीं

ऐसे कैसे भूला दूँ तुझको, कोई तरकीब बताई तूने कभी नहीं
मुस्कराती तस्वीरों में ही सही, भूलूँगा मैं तुझे मेरे दोस्त कभी नहीं

गले मिलने का इंतज़ार करता रह गया, ऐसे कोई जाता नहीं
ऐसे थोड़े होता है, ऐसे कोई सताता नहीं, ऐसे कोई जाता नहीं

लड़ाई

सब लड़ रहे कोई न कोई लड़ाई चारों छोर से
किसी की है अपने आप से लड़ाई तो किसी की और से

ज़रूरी नहीं कि दिखे चोटों में, या फिर टूटी चौखटों में
छिप जाती हैं अधिकतर लड़ाई, मुस्कुराते मुखौटों में

अगर मैं नहीं लड़ूँगा अपनी लड़ाई, तो लड़ेगा और कौन
सबको लड़नी खुद की लड़ाई, बाकि सारे मौन

झंझोड़ देती, तो कभी निचोड़ देती, पर लड़ना मजबूरी है
क्यों घबराता है लड़ने से, ओ रे कबीरा लड़ते रहना ज़रूरी है

लड़ाई अपनी अपनी होती है, खुद को ही लड़ना पड़ता है
ये उम्मीद कि कोई और लड़ेगा, फ़िज़ूल खर्च होती है

एक बंदर हॉस्टल के अंदर

हमेशा मुस्कुराता, हमेशा चहकता,
इधर फुदकता, उधर कूदता,
हाथों में जो आता, अक्सर टूट ही जाता,
हमेशा खिलखिलाता, हमेशा नटखट,
छेड़खानी करता, मसखरी करता,
चंचल,मनचला, जो मन में आता वो कह जाता

हमेशा दिखता था जोश में, हमेशा बोलता था जोश से,
मिलता था पूरे जोश में, घुलता था पूरे जोश से,
यादों में रह गया उसका मदहोश करने वाला जोश,
हमेशा जोश में जिया, जोश से ही लड़ा,
आख़िर तक न छोड़ा जोश का साथ,
कह गया बड़ी आसानी से...
मेरे दोस्त, जब तक है होश लगा दूंगा पूरा जोश

बोला...
तुम बस इतना काम करना,
जब बातें करो,
मेरे चुटकुले दोहराना,
बार बार मसखरी याद दिलाकर हँसाना,
पर ये कभी न पूछना, कैसा हूँ?
जब मिलो,
एक बार बिना मतलब की होली जरूर खिलाना,
कुछ खिड़की के काँच भी तोड़ूंगा,
नाचेंगे, गाएंगे, शोर मचाएंगे, सीटियां बजाएंगे

पर ये कभी न पूछना, कैसा हूँ?
क्यों कि...
मेरे दोस्त, जब तक है होश लगा दूंगा पूरा जोश

एक पल शांत न बैठ सका,
उचकता, कूदता, भागता, दौड़ता,
हरकत करता, बकबक करता,
कहते थे हम सब– एक बंदर हॉस्टल के अंदर
लपककर जो खुशियां पकड़ लाता,
यादों में भी रह रह कर हँसता, खिलखिलाता,
जहाँ भी है वो, वहाँ से भी खुशियाँ बरसाता,
दिनेश सांखला– फिर मिलेंगे, तब तक,
सदा मुस्कुराते रहना, सदा खुशियाँ बरसाते रहना

भाग भाग भाग

भाग भाग भाग, भाग भाग भाग
भाग तेज़ भाग, भाग तेज़ भाग
भाग भाग भाग, भाग भाग भाग
और तेज़ भाग, और तेज़ भाग
भाग भाग भाग, भाग भाग भाग
इधर भाग, उधर भाग, बस भाग

भाग भाग भाग, भाग भाग भाग
गिर फिर उठ, उठ फिर भाग
भाग भाग भाग, भाग भाग भाग
ठोकर से न रुक, चोट से न चूक
भाग भाग भाग, भाग भाग भाग
दिन भर भाग, रात भर भाग

भाग भाग भाग, भाग भाग भाग
चोरी कर भाग, धोखा देकर भाग
भाग भाग भाग, भाग भाग भाग
कुचल कर भाग, धकेल कर भाग
भाग भाग भाग, भाग भाग भाग
धुप में, ठंढ़ में, बारिश में भाग

भाग भाग भाग, भाग भाग भाग
बीमारी में भाग, लाचारी में भाग
भाग भाग भाग, भाग भाग भाग
भूखे थके भाग, थके भूखे भाग
भाग भाग भाग, भाग भाग भाग

सो जाग खा भाग, खा सो जाग भाग

भाग भाग भाग, भाग भाग भाग
कोई न रोके, कोई न टोके
भाग भाग भाग, भाग भाग भाग
अकेले ही भाग, सबको ले भाग
भाग भाग भाग, भाग भाग भाग
सांसें उखड़े भाग, टांगे टूटे भाग

भाग भाग भाग, भाग भाग भाग
हँसते रोते भाग, रोते गाते भाग

भाग भाग भाग, भाग भाग भाग
भाग, भाग
कहाँ पहुंचना है? है पता तुझको?
भाग, भाग
क्या छूटा है? पता तुझको?
भाग भाग
क्या पाया है? पता तुझको?
भाग क्यों भाग, क्यों भाग
भाग क्यों भाग, क्यों भाग

न भाग भाग भाग, न भाग भाग भाग
न भाग भाग भाग, न भाग भाग भाग

ख़रोंचे

किसको ज़रूरत है कटीले तारों की,
वैसे ही बहुत ख़रोंचों के निशाँ है जिस्म पर

किसको चाहिए भारी चट्टानों जैसे ख़्वाब,
ज़िन्दगी की लहरों ने क्या कम तोड़ा है टकरा कर

किसको जाना धरा के दूसरी छोर तक,
चार कदमों का फासला ही काफी है चलो अगर

किसको उड़ना है आसमान के पार,
बस कुछ बादल चाहिए हैं जो बरसे जम कर

किसको बटोरना है दौलत सारे जहां की,
चकाचक की होड़ मे सभी लगे हुए हैं देखो जिधर

किसको इकट्ठा करना सहानुभूति दिखाने वालों को,
चारों ओर हज़ारों की भीड़ है सारे बुत मगर

किसको चाह है किसी की दुआओं की,
लगता है बद-दुआ ही है जिसका हुआ असर

किसको सहारा चाहिए मदहोशी का,
ये अभिमान का ही तो नशा है जो चढ़े सर

किसको हिसाब चाहिए हर पल का,
थोड़ा वक़्त तो निकाल सकते हैं साथ एक पहर

किसको लूटना है वाहवाही सब की,
कभी-कभी तो हम बात कर सकते हैं तारीफ़ कर

किसको पढ़ना है कविताएं शौर्य-सुंदरता की,
बस एक शब्द ही काफी है शुक्रिया-धन्यवाद कर

किसको ज़रूरत है कटीले तारों की,
वैसे ही बहुत ख़रोंचों के निशाँ है जिस्म पर

बातें हैं बातों को क्या

बातों बातों में निकल पड़ी बात बातों की,
कि बातों की कुछ बात ही अलग है
मुलाकातें होती हैं तो बातें होती हैं, फिर मुलाकातों की बातें होती है
और मुलाकातें न हो तो भी बातें होती है

देखे तो नहीं पर बातों के पैर भी होते होंगे,
कुछ बातें धीरे की जाती हैं, कुछ तेज़, कुछ बातें दबे पाँव निकल गईं तो
दूर तक पहुँच जाती हैं
कुछ बातें दिल को छू कर निकल जाती हैं, और कुछ सर के ऊपर से
कुछ बातें तो उड़ती-उड़ती और कभी गिरती-पड़ती आप तक पहुँच ही
जाती हैं

बातों के रसोइए भी होते होंगे, जो रोज़ बातें पकाते हैं
कुछ लोग मीठी-मीठी बातें बनाते हैं, कुछ कड़वी सुना जाते हैं

कभी आप चटपटी बातें करते हैं, तो कभी मसालेदार बातें हो जाती हैं
और कुछ बातें तो ठंढाई जैसी होती है, दिल को ठंढक पहुंचा जाती हैं

वैसे तो अच्छी बातें, बुरी बातें, सही बातें और गलत बातें होती हैं
बातों का वजन भी होता है, कुछ हलकी होती हैं तो कुछ भारी हो जाती हैं
यूं तो कुछ लोग बातें छुपा लेते, तो कुछ बातों को रखकर चले जाते हैं,
कोई दबा देता है,और फिर कोई आकर उन्हीं बातों को उछाल जाता है

बातों में पकड़-छोड़ का खेल तो चलता ही रहता है,
जैसे कुछ लोग बातें पकड़ने में तेज़ होते हैं, तो कुछ बातें छोड़ते ही रहते हैं
बातें तोड़-मरोड़ भी दी जातीं हैं, और कुछ बातें सीधी करनी पड़ जाती हैं
जब अतरंग बातें होने लगे, तो बातें बहक भी जातीं है,

बातें बनती है, बातें बिगड़ती हैं, कभी सुलझ जाती हैं और कभी उलझ
बातों की तो गहराई भी नापी जाती है, ऊंचाई भी और कभी लम्बाई भी
बातों की गणित तो भूल ही गए, एक की दो, दो की चार, करके दस
बातें तो रोज़ सुन ही लेते हैं
और छोटी-मोटी बातें तो होती ही रहती हैं

आम तौर पर सच्ची-झूठी,अजब-गजब बातें हर कहीं होती हैं,
कुछ ख़ास बातें होती हैं, कुछ बहुत ही ख़ास,बिना बात किए भी कभी
बात हो जाती है
कुछ बातें भीड़ में की जातीं हैं और कुछ अकेले में
कभी-कभी खुद से भी बातें हो जाती हैं

ज़्यादातर बातें वैसे तो बोल कर की जाती हैं
कुछ बातें चुपचाप की जातीं है, कुछ लिखकर, और कुछ इशारे से
कभी दिल से बातें की जाती हैं, कभी आँखों से
और कभी कभी, जब किसी को समझ न आये तो लातों से भी की जाती
हैं बातें

बातें पैदा होती हैं, अपना एक जीवन जीतीं हैं और फिर दफन भी हो
जाती हैं
ओ रे कबीरा बातों की बातें करें तो बातें ख़त्म नहीं हो पाएंगी
तो कभी बहुत सारी बातों के बाद भी बातें समझ नहीं आती
बातें हैं बातों का क्या, बातें होंगी तभी तो और बातों की बातें हो पाएंगी
बातें हैं बातों को क्या!!!

हर्ष और उमंग

न रोक सके कोई शिकवे-मलाल,
बस आज हो सबके चेहरे पर लाल गुलाल।
न टोक सके कोई मस्ती-धमाल,
बस आज हों सब लोट कीचड़ में बेहाल॥

न रोक सके कोई आलस-बहाने,
बस आज सब निकले रंगों में नहाने।
न टोक सके कोई हिंदू-मुसलमान,
बस आज सब लग जाए मिलने मनाने॥

न रोक सके कोई राजा-रंक,
बस आज बिखर जाने दो... निखर जाने दो सत-रंग।
न टोक सके कोई खेल-अतरंग,
बस आज हो सब के मन में उमंग... बस हर्ष और उमंग॥

कीमती बहुत हैं आँसू

छलके तो ख़ुशी के, जो बहें तो दुःख के आँसू
कभी मिलन के, तो कभी बिछड़ने के आँसू

कभी सच बताने पर, कभी झूठ पकड़े जाने पर निकल आते आँसू
कभी कमज़ोरी बन जाते, तो कभी ताक़त बनते आँसू

कभी पीकर, तो कभी पोंछकर चलते ज़िन्दगी संग आँसू
कभी लगते मोतियों जैसे, तो कभी दिखते ख़ून के आँसू

कभी खुद को खाली कर देते, तो कभी सहारा बन जाते आँसू
कभी दरिया बन जाते, तो कभी सैलाब बन जाते आँसू

दिल झूमे तो, रब चूमे तो पिघलते भी आँसू
कभी डर के कभी घबराहट से आ जाते हैं आँसू

गुस्से में राहत देते, धोखे में आहत कर देते आँसू
कहते हैं बह जाने दो, दिल हल्का कर देंगे ये आँसू

दर्द का, चोटों का, तकलीफों का आईना आँसू
नफरत की ज़िद में, इश्क़ की लत जमते आँसू

मजबूरी के, लाचारी के, जीत के, हार के होते आँसू
सीरत तो नम होती इनकी, सूख भी जाते हैं आँसू

कविताओं में, कहानियों में, शेर-शायरियों में बसते आँसू
प्रेम के, भक्ति के, समर्पण के गवाह हैं आँसू

कभी छोटे, कभी बड़े, बहुत काम के हैं आँसू
ओ रे कबीरा संजो के रखो, कीमती बहुत हैं आँसू

स्याही की व्यथा

स्याही ही हूँ,
लिखती हूँ ख़बर कभी ख़ुशी की और कभी ग़म की
लिखती हूँ चिट्ठी कभी इंतज़ार की और कभी इज़हार की
लिखती हूँ कहानी कभी कल्पना की और कभी हक़ीक़त की

स्याही ही हूँ,
लिखती हूँ परीक्षा कभी जीवनी के लिए और कभी जीवन के लिए
लिखती हूँ कविता कभी दर्द छुपाने के लिए कभी दिखाने के लिए
लिखती हूँ कटाक्ष कभी झकझोरने के लिए और कभी सोचने के लिए

स्याही ही हूँ,
लिखती हूँ भजन भगवान को बुलाने के और कभी भगवान के पास जाने के लिए
लिखती हूँ फरमान कभी आज़ादी के और कभी गुलामी के
लिखती हूँ पैगाम कभी समझौतों के और कभी साज़िशों के

स्याही ही हूँ,
लिखती हूँ यादें कभी याद करने के लिए और कभी भूल जाने के लिए
लिखती हूँ चुटकुले-व्यंग हसने के लिए और कभी हँसाने के लिए
लिखती हूँ कथा-आत्मकथा कभी महापुरूषों के लिए और कभी दुष्टों के लिए

स्याही ही हूँ,
लिखती हूँ शिकायतें कभी बदलाव के लिए और कभी न बदलने के लिए
लिखती हूँ गाथाएँ कभी इतिहास बताने के लिए और कभी बहकाने के लिए
लिखती हूँ संविधान कभी राष्ट्र बनाने के लिए और कभी बँटवाने के लिए

स्याही ही हूँ,

लिखती हूँ रंगों में कभी बस रंग मत समझ लेना

लिखती हूँ कागज़ पर कभी तलवार से कम मत समझ लेना

लिखती हूँ शांति के गीत कभी तूफान से कम मत समझ लेना

स्याही ही हूँ,

लिखती हूँ तुम्हारे लिए कभी मेरे लिए भी लिख देना

लिखती हूँ कि न मेरे लिए लिख सको तो कभी कभी अपने लिए लिखते रहना

लिखती हूँ हमेशा किसी न किसी के लिए कभी मेरे लिए भी लिख देना

वो कुल्फी वाला

जैसे कल ही की बात हो,
जब सुनते थे हम घंटी वो,
भागे चले आते ले जो पैसे हों,
दूध-मलाई-केसर-पिस्ता कुल्फी ले लो,

घेर लेते थे ठेला दिखलाते चवन्नी उसको,
लड़ते थे सबसे पहले अपनी बारी को,
कभी गिर जाती थी कुल्फी टूट,
दे देता था दूसरी बोल बेटा उदास मत हो

आँखों में चमक, मुँह में पानी अब भी आता
चाहे हाथ में कुल्फी हो-न-हो,
बचपन की शरारतें वापस आ जाती,
देख लाल कपड़े में लिपटे मटके को

न जाने कहाँ चला गया ठंडी कुल्फी वाला वो,
वो कुल्फी वाला,
याद दिलाता बचपन कुल्फी वाला वो,
वो कुल्फी वाला...

सतरंगन

बोले ओ रे कबीरा, मूरख! जे संसार लिपा सतरंगन में।
काहे खोजे मानुष मतलब को, काले-सफ़ेद शब्दन में॥

बोली जसोदा रंग दे राधा, गोपन को सतरंगन में।
न चढ़े तोहे कोई रंग, देख ले प्रेम रंग नैनन में॥

आज सब खेरो होली, चपेड़ सबको सतरंगन में।
हस दो एक दूजे पे, होर देख खुदको दरपन में॥

॥होली है॥

कुछ
सवाल

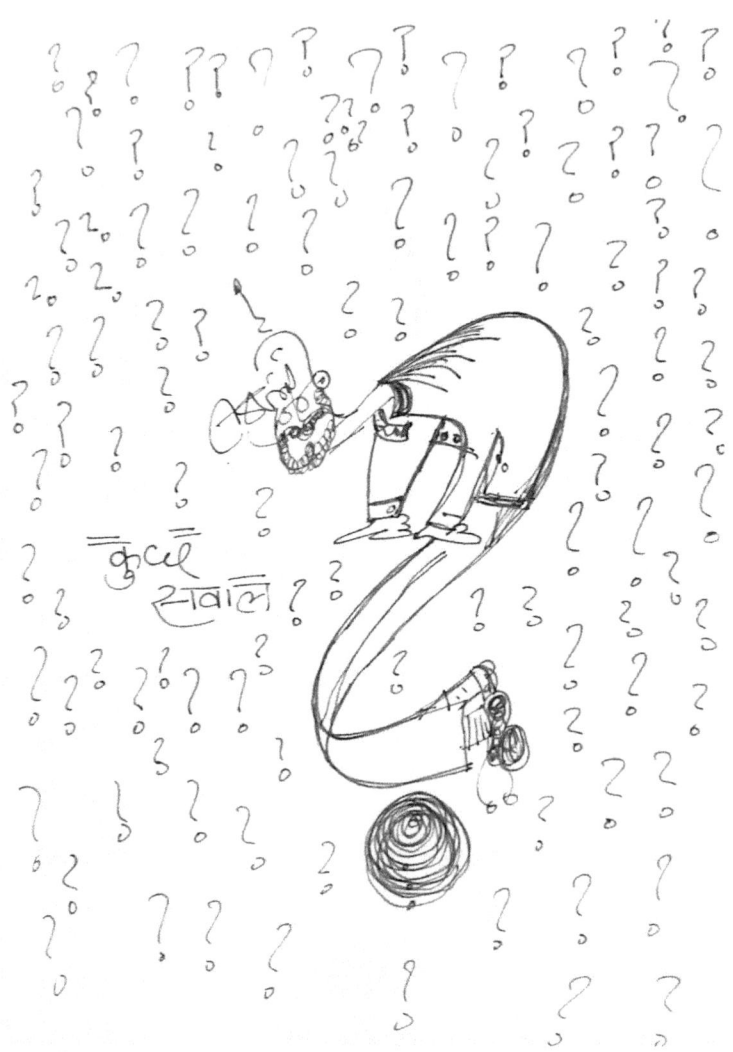

कुछ सवाल?

खुशियां सिमट गईं, आशाएँ बिखर गईं
कुछ तो ढूंढ रहा है बंदा?
रिश्ते अटक गए, नाते चटक गए
कुछ न समझे है ये बाशिंदा?

उसूल लुट गए, सुविचार मिट गए
क्यों नहीं हो रही निंदा?
झूठ जीत गया, सच बदल गया
क्यों नहीं हैं हम शर्मिंदा?

दुआएं गुम गईं, आशीर्वाद कम गया
किसे पुकारे अब नालंदा?
बहुत तप हो गए, रोज़ व्रत हो गए
किसे भक्ति दिखाए रे कबिरा, रे गोविंदा?

सुकून चला गया, चैन न रह गया
कैसे हैं लोग यूँ ज़िंदा?
लालच बस गई, तृष्णा रह गई
कैसे निकालोगे ये फंदा?

शहर बस गए, गांव घट गए
कहाँ बनेगा मेरा घरौंदा?
ख़्वाब रह गए, सपने बह गए
कहाँ भटक रहा परिंदा?

ये घड़ी
और वो घड़ी
है

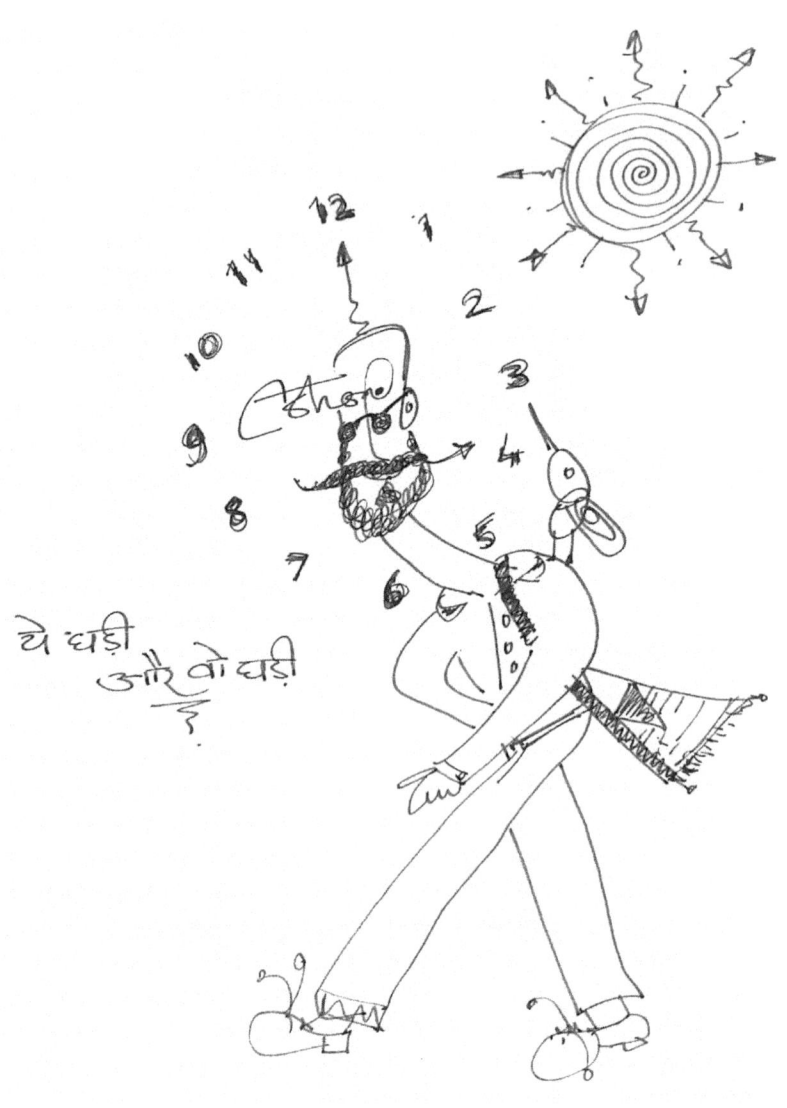

ये घड़ी और वो घड़ी

दीवार पर एक घड़ी, कलाई पर दूसरी घड़ी
घर के हर कमरे में अड़ी है एक घड़ी
रोज़ सुबह जगाती, इंतज़ार कराती है घड़ी
कुछ सस्ती, कुछ महँगी, गहना भी बन जाती है घड़ी

इठलाती, नखरे दिखाती, हमेशा टिक-टिकाती है घड़ी
कुछ धीरे चलती, कुछ तेज़ चलती है घड़ी
कभी रुक जाती है, पर समय ज़रूर बताती है घड़ी,
कुछ अजब ही जुड़ी है मुझसे ये घड़ी, और वो घड़ी

सुख़ की, दुःख की, ख़ुशियों की भी होती है घड़ी
परेशानियाँ भी आती हैं घड़ी-घड़ी
तेज चले तो इंतेहाँ की, धीरे चले तो इंतज़ार की है घड़ी
दौड़े तो दिल की, थक जाओ तो सुस्ताने की है घड़ी

बच्चों के खेलने जाने की घड़ी, बूढ़ी आखों के लिए प्रतीक्षा की घड़ी
जीत की, हार की, भागने की, संभलने की घड़ी
यादों की, कहानियों की, किस्सों की, गानों की भी होती है घड़ी
कुछ अजब ही जुड़ी है मुझसे ये घड़ी, और वो घड़ी

किसी के आने की घड़ी, किसी के जाने की घड़ी
किसी न किसी बहाने की भी होती है घड़ी
कोई चाहे धीमी हो जाए ये घड़ी, रुक जाए ये घड़ी
कोई चाहे बस किसी तरह निकल जाए ये घड़ी

कभी फैसले की घड़ी, तो कभी परखने की घड़ी
कभी हक़ीकत की घड़ी, तो कभी यकीन की घड़ी

कभी व्यस्त होती घड़ी, तो कभी फुरसत की घड़ी,
कुछ अजब ही जुड़ी है मुझसे ये घड़ी, और वो घड़ी

तूफ़ान की घड़ी, सुकून की घड़ी,
इंक़लाब की, क्रांति की भी होती है घड़ी
यात्रा की घड़ी, वार्ता की घड़ी,
युद्ध का, शांति का भी ऐलान करती घड़ी

बदलाव की घड़ी, ग्लानि की घड़ी
समर्पण की घड़ी, आत्मनिरीक्षण की घड़ी,
सच की, झूठ की, प्रार्थना की घड़ी
इंसान की, शैतान की, भगवान की घड़ी

चलती रहे वक़्त के साथ, बस वो है घड़ी
कोई चाहे या न, चलने का नाम है घड़ी
थम गई वो तेरी साँसे है, चल रही अब भी घड़ी
कुछ अजब ही जुड़ी है मुझसे ये घड़ी, और वो घड़ी

पतझड़ के भी रंग होते हैं

शहर की भीड़ में भी कुछ कोने अकेले बैठने के होते हैं
सीधी सड़कों से भी कुछ आड़े-तिरछे रास्ते जुड़े होते हैं
आधी-अंधेरी रात में भी हज़ारों तारे जगमगाते रहते हैं
लाल-पीले पत्तों में ही सही पतझड़ के भी रंग होते हैं

धूल भरी किताबों में भी कुछ पन्ने हमेशा याद होते हैं
धीमे क़दमों की आहट में भी शरारती छल होते हैं
पुराने गानों की धुन में भी कुछ किस्से जुड़े होते हैं
बगीचे में गिरे फूलों में ही सही पतझड़ के भी रंग होते हैं

तुम्हारी मुस्कुराहट में कुछ गहरे राज़ छुपे होते हैं
तुम्हारी झुंझलाहट में भी कुछ मोहब्बत के पल होते हैं
और जब तुम फुसलाते हो तो भी कुछ अरमान होते हैं
ठंडी-सुखी हवा के झोंकों में ही सही पतझड़ के भी रंग होते हैं

सपने तो देखते हैं सभी कुछ खुली आँखों से साकार होते हैं
नशे में तो झूमते है हम भी कुछ बिना मय भी मदहोश होते हैं
भागते-दौड़ते परेशान है सभी कुछ पसीने में ही ख़ुश होते हैं
गीली माटी में ही सही पतझड़ के भी रंग होते हैं

हिसाब-किताब नहीं होना चाहिए

यादें होनी चाहिए, बातें होनी चाहिए,
बातों में कुछ राज़ छुपा होना चाहिए,
कुछ किस्से होने चाहिए,
कुछ कहानियाँ होनी चाहिए,

दोस्तों में बस झूठ नहीं होना चाहिए

छेड़खानी होनी चाहिए, बदतमीज़ी होनी चाहिए,
बदतमीज़ी में कुछ हँसी मज़ाक होना चाहिए,
कुछ इशारे होने चाहिए,
कुछ बातें इशारों में होनी चाहिए,

दोस्तों में बस फ़रेब नहीं होना चाहिए

मिलने का बहाना होना चाहिए, मुलाकातों की ललक होनी चाहिए
रोज़ महफ़िल में पीना-पिलाना होना चाहिए,
कुछ हँसना चाहिए,
कुछ रोना चाहिए,

दोस्तों में बस इस्तेमाल नहीं होना चाहिए

झगडे होना चाहिए, लड़ाई होनी चाहिए,
हाथापाई में ग़लतफ़हमी दूर होनी चाहिए,
कुछ नोक-झोंक होनी चाहिए,
कुछ गाली-गलोच होना चाहिए,

दोस्तों में बस इल्ज़ाम नहीं होना चाहिए

ख़्वाब होना चाहिए, ख्वाहिशें होनी चाहिए,
ख़्वाबों में ख्वाहिशें होनी चाहिए,
कुछ सपने होने चाहिए,
कुछ हक़ीक़त होनी चाहिए,

दोस्तों में बस हिसाब-किताब नहीं होना चाहिए

अभी तक कोई सोया नहीं

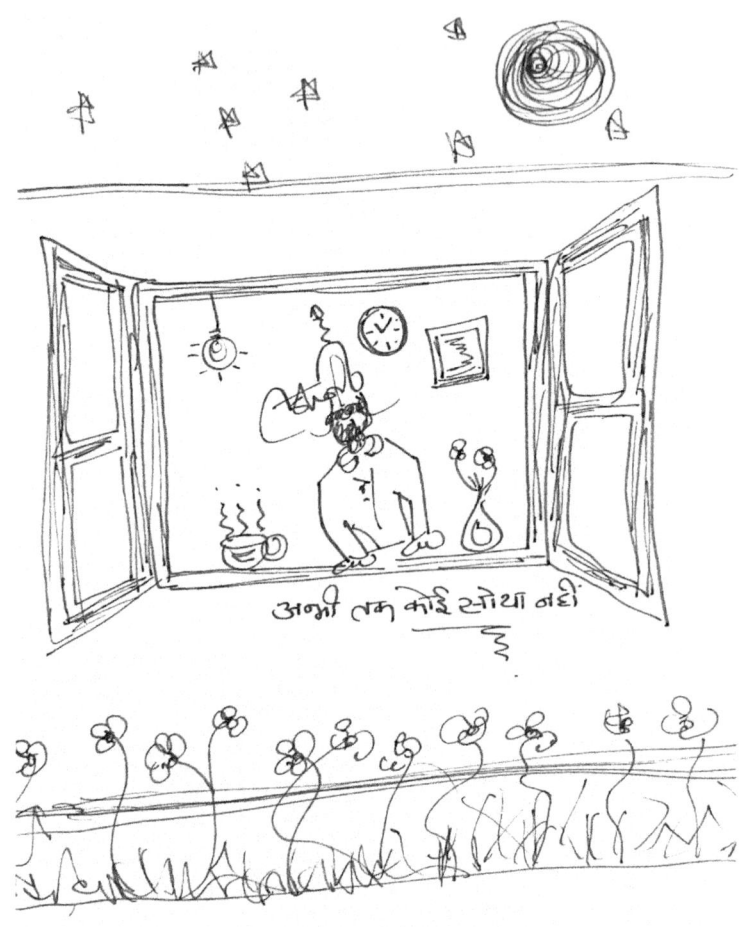

अभी तक कोई सोया नहीं

सामने वाले घर में आज भी, अभी तक कोई सोया नहीं
या तो वो गुम है क़िताबों में– अख़बारों में, या फिर खोया हुआ है ख़यालों में
या तो वो हक़ीक़त से है अनजान, या फिर है बहुत परेशान
या तो वो है बिल्कुल अकेला, या फिर जमा हुआ है दोस्तों का मेला

सामने वाले घर में आज भी, अभी तक कोई सोया नहीं
या तो वो है किसी से डरा हुआ, या फिर है हाथ में प्याला भरा हुआ
या तो वो है किसी के इख़्तियार में, या है किसी के इंतज़ार में
या तो वह है बहुत ही थका हुआ, या चाह कर भी सो न सका

सामने वाले घर में आज भी, अभी तक कोई सोया नहीं
मैं भी तो अब तक सोया नहीं, नींद का कोई पता नहीं

रंगों में घोली होली है

देखो कैसी ये होली है,
हमने रंगों में घोली होली है

छिड़क तनिक गुलाल,
प्यार जताने की होली है

मार पिचकारी लाल रंग की,
शिक़वे मिटाने की होली है

सान दो कौसुम्भ की सुगंध में,
ये मानो भक्तों की होली है

गोबर की जो महक आए,
तो भैया भागो हुड़दंगियों की होली है

जहाँ नील ही नील दिखे,
समझो आज खूब खेली होली है

जरा सिन्दूर चढ़ा कर,
पुजारी ने भी खेली होली है

पीलक ने भी खेली,
मौसम बदलने की होली है

नारंगी-हरे रंग में फ़रक न दिखे,
तो ये असली होली है

राख में ढके हुए,
साधु-सन्यासियों ने खेली होली है

श्वेत टीका लगाए,
वृन्दावन के आश्रम में खिली होली है

माटी-कीचड़ में सने,
श्रमिक-किसानों की भी ये होली है

मिट्टी में लिपटे हुए,
माली के बच्चों ने खेली होली है

श्याम रंग में छुपे,
कुछ अतरंगों की होली है

रंगों की हौदी में ढकेल,
दोस्तों ने भी खेली होली है

चार लकीरें रंगो में लगाकर ही सही,
हिचकिचाहट से कुछ लोगों ने खेली होली है

कुछ गीली कुछ सूखी,
नीली-पीली, लाल-गुलाबी

सतरंगों में डूबी हुई,
आज खुशियों की होली है

रंगों में घोली होली है,
होली है भाई होली है...

क्षमा प्रार्थी हूँ !!!

क्षमा प्रार्थी हूँ

क्षमा प्रार्थी हूँ,
था मस्तक पर स्वार्थ चढ़ा, मेरी वाणी में था क्रोध बड़ा
हृदय से न मोह उखड़ा, मेरी चाल में था अहंकार बड़ा

क्षमा प्रार्थी हूँ,
था मैं निराशा में खड़ा, मेरी बातों में था झूठ बड़ा
आलस्य में यूं ही था पड़ा, मेरे विचारों को था ईर्ष्या ने जकड़ा

क्षमा प्रार्थी हूँ,
था मद जो मेरे साथ खड़ा, मेरी सोच को था लोभ ने पकड़ा
क्षमा मांगने में जो देर कर पड़ा, नत-मस्तक द्वार में खड़ा

क्षमा प्रार्थी हूँ,
क्षमा का है व्यवहार बड़ा, दशहरा का है जैसे त्योहार बड़ा
क्षमा का है व्यवहार बड़ा, दशहरा का है जैसे त्योहार बड़ा

सियावर रामचंद्र की जय!!

क्या ढूंढते हो ?

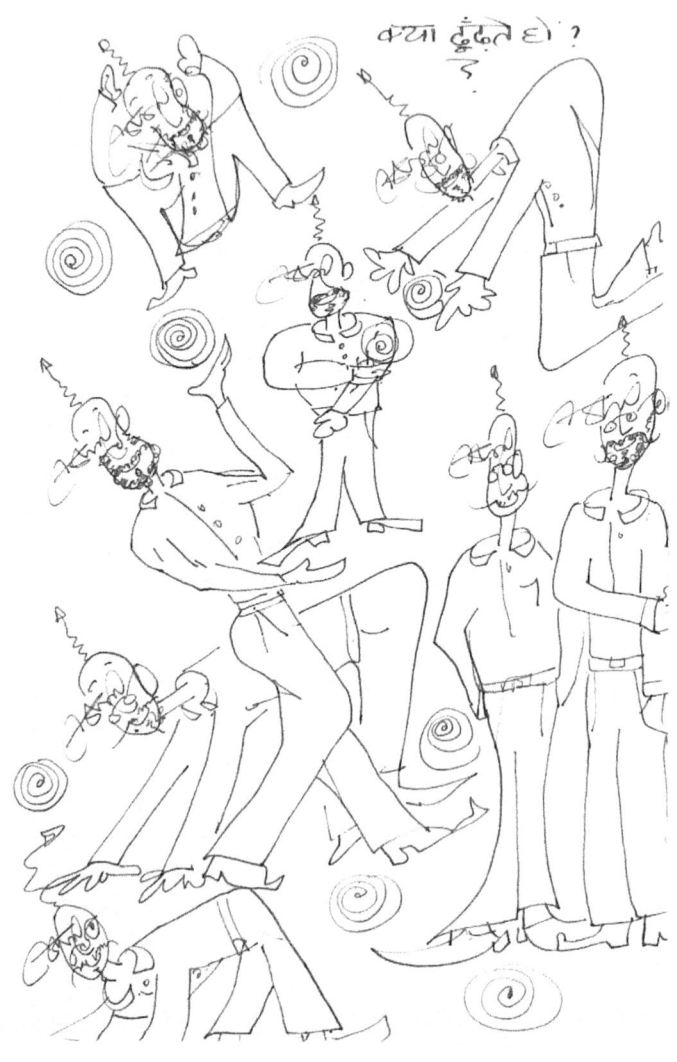

क्या ढूँढ़ते हैं?

आप मेरी सुकून की नींद को मौत कहते हैं,
और फिर अपने ख्वाबों में मुझे ढूँढ़ते हैं

अजीब इत्तफ़ाक़ है कि आप मुझसे भागते हैं,
और फिर साथ फुर्सत के दो पल ढूँढ़ते हैं

कभी आप मेरे काम को तमाशा कहते हैं,
और फिर कद्रदानों की अशर्फियाँ ढूँढ़ते हैं

देखिये आप मुझे वैसे तो दोस्तों में गिनते हैं,
और फिर मुझमें अपने फायदे ढूँढ़ते हैं

कभी आप मेरे साथ दुनिया से लड़ने चलते हैं,
और फिर दुश्मनों में दोस्त ढूँढ़ते हैं

ओ रे कबीरा! लिखते नज़्म गुमशुम एक कोने में,
और फिर भीड़ में चार तारीफें ढूँढ़ते हैं

मेरी किताब
अब भी खाली
?

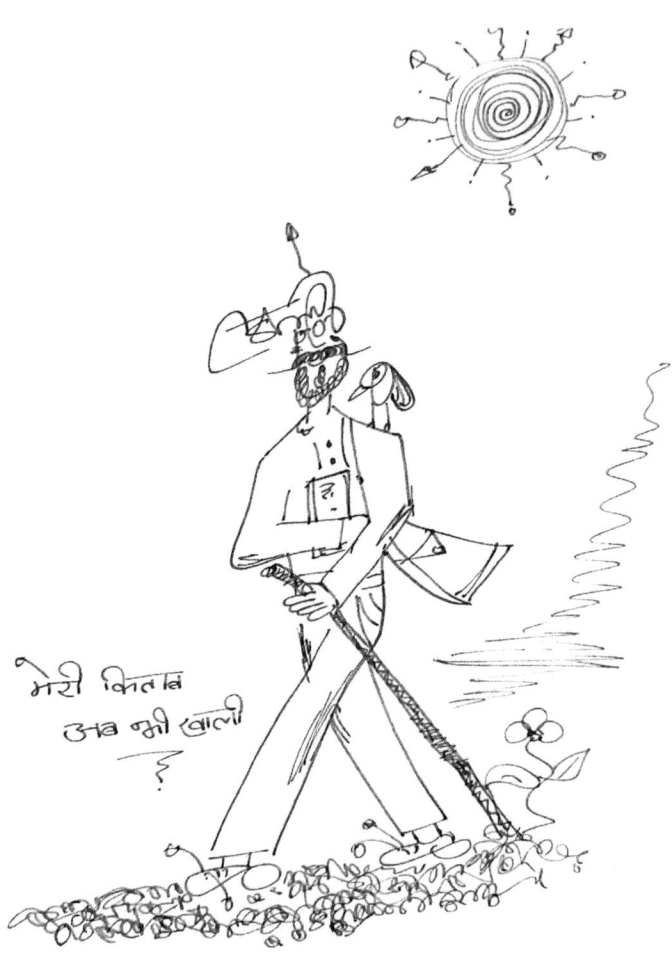

मेरी किताब अब भी ख़ाली

बारिश की उन चार बूँदों का इंतज़ार था धरा को,
जाने किधर चला गया काला बादल आवारा होकर

आग़ाज़ तो गरजते बादलों ने किया था पूरे शोर से,
आसमाँ में बिजली भी चमकी पुरज़ोर चारों ओर से

कोयल की कूक ने भी ऐलान कर दिया बारिश का,
नाच रहे मोर फैला पंख जैसे पानी नहीं गिरे मनका

ठंढ़ी हवा के झोंके से नम हो गया था खेतिहर का मन,
टपकती बूँदों ने कर दिया सख्त खेतों की माटी को नर्म

मिट्टी की सौंधी खुशबू का अहसास मुझे है होने लगा,
किताबें छोड़ कर बच्चों का मन भीगने को होने लगा

खुश बहुत हुआ जब देखा झूम कर नाचते बच्चों को,
बना ली काग़ज़ की नाव याद कर अपने बचपन को

बहते पानी की धार में बहा दी मीठी यादों की नाव को,
सोचा निकल जाऊँ बाहर गीले कर लूँ अपने पाँव को

रुक गया, पता नहीं क्यों बेताब सा हो गया मेरा मन,
ख़ाली पन्नों पर लिखने लगा कुछ शब्द होकर मगन

तेज़ थी बारिश, था शोर छत पर, था संगीत झिरती बूँदों में,
तेज़ थी धड़कन, था मन व्याकुल, थी उलझन काले शब्दों में

लिखे फिर काटे फिर लिखने का सिलसिला चला रात भर,
बुन ही डाला ख्यालों के घोंसले को थोड़े पीले-गीले पन्ने पर

थम गयी बारिश, फिर हो गई खाली मेरी चाय की प्याली,
रुकी गई कलम, टूट गया ख़्वाब, मेरी किताब अब भी खाली

मेरे जीवन की किताब अब भी है खाली

कहाँ चल दिये अभी तो बहुत सारी बातें बाकी है

कहाँ चल दिए अभी तो बहुत सारी बातें बाकी है
यहाँ कुछ यादें है, अभी तो सपने बुनना बाकी है

अभी आधे रास्ते चले है सफ़र थोड़ा और बाकी है
सभी दीवारें तो बन गई, घर की छत बनना बाकी है

मिले दसियों यार-दोस्त, खुद से दोस्ताना बाकी है
पढ़े आपके बहुत शेर, अपनी ग़ज़ल सुनना बाकी है

जहाँ देखो जल्दबाज़ी है, ज़रा सा सुस्ताना बाकी है
कहाँ भागे जा रहे हो, जो छूट गया उसे लेना बाकी है

देखे तारे बहुत रात भर, अभी तोड़ कर लाना बाकी है
सीखे ग़ुर बहुत उम्र भर, अभी चाँद को झुकाना बाकी है

लड़खड़ाए, संभल गए, पर बदलना अभी बाकी है
ज़माने ने सुनाया बहुत, पर जवाब देना अभी बाकी है

अब तक परख़े मख़मल, ख़ारज़ार पर चलना बाकी है
अब तक पतझड़ देखा है, गुलों का खिलना बाकी है

कभी कहते थे फिर मिलेंगे, आपका लौटना बाकी है
अभी तक तुम ख़फ़ा हो, ग़लतफ़हमी मिटाना बाकी है

कब तक बारिश से बचोगे, भीगने का लुत्फ बाकी है
जब मिल ही गया इशारा, बस बेक़रार होना बाकी है

कहाँ चल दिए अभी तो बहुत सारी बातें बाकी हैं
यहाँ कुछ यादें है, अभी तो सपने बुनना बाकी है

चिड़िया

इधर फुदकती उधर चहकती, डर जाती फिर उड़ जाती
तिनके चुनती थिगड़े बुनती, झट से पेड़ों में छुप जाती
सुबह होते शाम ढलते, मीठे गीत फिर सुनाने आ जाती
दाना चुगने पानी पीने, वापस फिर मेरे आँगन में आ जाती

कभी बारिश कभी तूफान, भाँपते जाने कहाँ गायब हो जाती
कभी चील कभी कौए, देख क्यों तुम घबरा सी जाती
बच्चे ढूंढे आँखें खोजें, जिस दिन तुम कहीं और चली जाती
दाना चुगने पानी पीने, वापस फिर मेरे आँगन में आ जाती

गेहूँ खाती टिड्डे खाती, बगीचे के किसी कोने में घर बनाती
तुम लाती चिड़ा लाता, बारी-बारी तुम चूजों को खिलाती
खाना सिखाती गाना सिखाती, फिर बच्चों संग उड़ जाती
दाना चुगने पानी पीने, वापस फिर मेरे आँगन में आ जाती

सबेरे जाती साँझ आती, फिर झाड़ी में गुम हो जाती
जल्दी उठाती देर तक बहलाती, जाने कब तुम सोने को जाती
कुछ दिन कुछ हफ्ते, तुम मेरे घर की रौनक बन जाती
दाना चुगने पानी पीने, वापस फिर मेरे आँगन में आ जाती

इतनी जल्दी थी

जाने की इतनी जल्दी थी तो सीधे ख़ुदा से क्यों बात कर ली,
जिस तरह चले गए उतनी भी बड़ी बात भला थी कोई।

इतनी तेज भागते रहे की साँस लेने की फ़ुरसत मिली ही नहीं,
न तुमने देखा न तुमको देखा कब कदम थम गए बस वहीं।

चिल्लाए तो बहुत पर आवाज़ पलट कर आई ही नहीं,
हज़ारों दोस्त हैं पर एक को भी तकलीफ़ दिखाई दी नहीं।

सारे दोस्त मुज़रिम हैं क्यों कल उससे बात नहीं कर ली,
जाने की इतनी जल्दी थी सीधे ख़ुदा से क्यों बात कर ली।

बागीचे की वो मेढ़ है

बग़ीचे की वो मेज़

बग़ीचे की उस मेज़ पर हमेशा कोई बैठा मिला है
यहीं तो मेरी मुलाक़ात एक दिन उम्मीद से होने वाली है

अलग-अलग चेहरों को मुस्कुराते हुए देखा है
कभी सुकून से सुस्ताते और कभी ज़िन्दगी से थके देखा है

बुजुर्ग आँखों को बहुत दूर कुछ निहारते देखा है
कभी ढलते सूरज में और कभी सितारों में खोया देखा है

बच्चों को वहां पर खिलखिलाते हुए देखा है
कभी झगड़ते हुए और कभी खुसफुसाते हुए देखा है

जवाँ जोड़ों को भी गुफ्तगू में खोए हुए देखा है
कभी हैरान परेशान और कभी शाम का लुत्फ लेते देखा है

अक्सर कोई तन्हाई के कुछ पल ढूंढ़ता दिखा है
कभी आप में खोया सा और कभी सोच में डूबा दिखा है

ज़नाब कोई खुदा से हिसाब माँगते भी दिखा है
कभी अपना हिस्सा लिए और कभी अपने टुकड़े के लिए लड़ते दिखा है

बड़ी मुद्दत के बाद बग़ीचे की वो मेज़ खाली है
यहीं तो मेरी मुलाक़ात आज उम्मीद से होने वाली है

सोचो तो सही

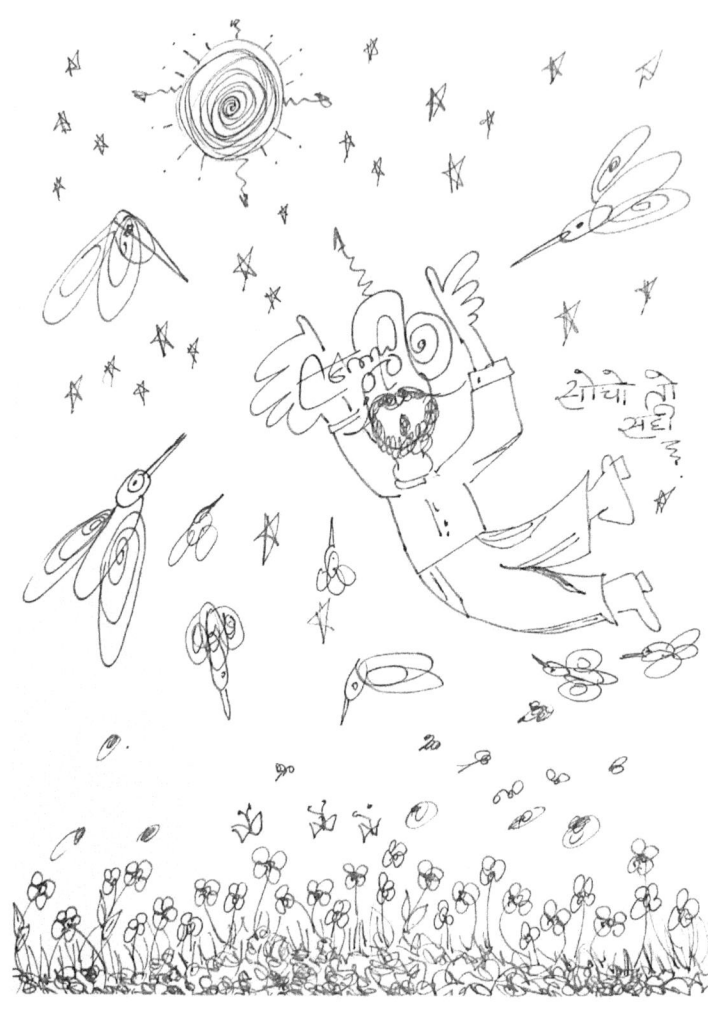

सोचो तो सही

कहाँ से आ रही थी गुलाबों की वो महक बगीचे में कल?
थे खिले वो पिछले बरस भी, खड़े तुम कभी हुए नहीं फ़ुरसत से एक पल

कहाँ से आ गए सड़क के उस पार वो दरख़्त वहां पर?
था तो वो वहाँ पहले भी, गुम तुम थे इतने, दिखे बस घड़ी के काँटे कलाई पर

कहाँ से दिखाई देने लगे तारे आसमान में आजकल?
थे चमकते वो हर रात भी, तुमने काफी दिनों से की नहीं टहलने की पहल

कहाँ से सुनाई देने लगे वो गाने जो गुनगुनाते थे तुम कभी-कभी?
है बजते वो गाने अब भी...और गाते हो अब भी, तुम मसरूफ़ थे शोर में इतना की लुफ्त लिया ही नहीं

कहाँ चली गई वो किताब जो तुमने खरीदी थी कुछ अरसे पहले ही?
है किताब उसी मेज पर अब भी, तुमने दबा दी रद्दी के ढेर में बस यूँ ही

कहाँ ख़त्म हो गई कहानी जो तुमने सुनाई थी बच्चों को आधी अधूरी ही?
हैं बच्चे इंतज़ार में अब भी, तुम ही मशगूल थे कहीं और कहानी रुकी है वहीँ

कहाँ से आ गई शिकायतें घर पर अब हर रोज़ नई-नई?
थे शिकवे-गिले हमेशा से वही, तुमने बड़े दिनों के बाद ध्यान दिया है उन पर सही

कहाँ से आने लगी खुशबू मसालों की रसोई से कुछ पहचानी सी?
था बनता खाना ज़ायकेदार रोज़ ही, तुम्हें फुरसत न थी खाना सुकून से खाने की

कहाँ से बनाने लगे बच्चे बातें कुछ सयानी समझदारों सी?

थी बातें उनके पास पहले से ही, तुमने अनजाने में कोशिश न की वो बातें सुनने की

कहाँ चली गईं वो शामें जिनकी यादें ला देतीं है मुस्कुराहट अब भी?
हैं शामें हसींन वैसी ही, तुम्हें कमी महसूस होती है साकी बनने वाले दोस्तों की

कहाँ छुपे हुए थे वो गुर जो किसी ने सराहे कभी नहीं?
है निकले कुछ गुबार यूँ ही, तुमने जहमत की नहीं अपने हुनर आज़माने की

कहाँ से बड़े हो गए दिन इतने और रातें लगें लम्बी सी?
हैं दिन में चौबीस घंटे अभी भी, तुमने एक अरसे से साँसें ली नहीं गहरी सी

सोचो तो सही... सोचो तो सही...

क्यों धीमी सी हो गई है रफ़्तार तुमने ध्यान दिया की नहीं?
धीमी हुई है तुम्हारे लिए, तुम देखोगे अपनों को रुक कर ही सही

क्यों थक गई है प्रकृति तुम्हारी लालच अब तक नहीं?
थक गई है तुम से, तुम सोचोगे थोड़ी देर के लिए ही सही

क्यों रुक सा गया है जहान रुके तुम क्यों अभी तक नहीं?
रुका हुआ है तुम्हारे लिए, तुम सराहोगे कुछ पल अकेले ही सही

क्यों ख़्वाब से हो गए अरमान तुम सोए अभी तक नहीं?
ख़्वाब से हुए तुम्हारे लिए, तुम देखोगे हकीकत सपनों में ही सही

क्यों साफ़ सा हो गया आसमाँ तुम्हारी नज़र अब तक गई नहीं?
साफ़ हुआ है तुम्हारे लिए, तुम्हे दिखाई देंगे लोग परेशानी में ही सही

क्यों थम सा गया हैं वक़्त रुकी तुम्हारी दौड़ अब तक नहीं?
थमा हुआ है तुम्हारे लिए, तुम करोगे कदर वक़्त की थोड़ी सी ही सही

सोचो तो सही... सोचो तो सही...

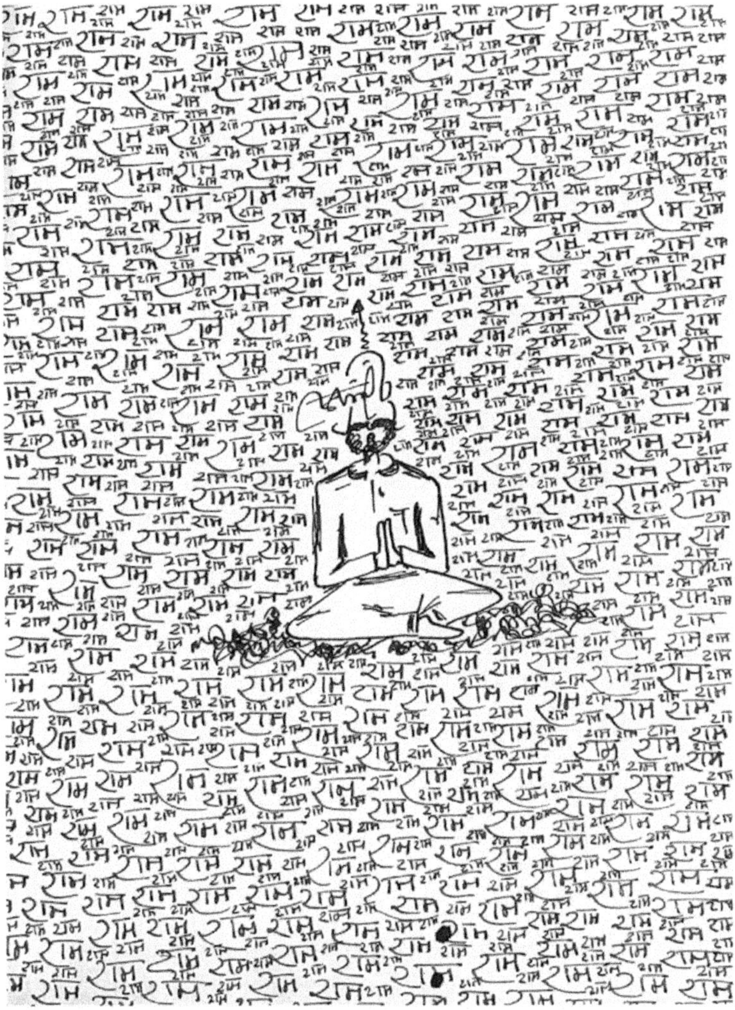

अक्स

कभी मेरे आगे दिखती हो, कभी मेरे पीछे चलती हो
कभी साथ खड़ी नज़र आती हो, कभी मुझ में समा जाती हो

सोचता हूँ तुम कौन हो, कहीं मेरी परछाई तो नहीं हो?

कभी सुबह की धूप में हो, कभी दोपहर की गर्मी में हो
कभी शाम की ठंढ़ी छांव में हो, कभी रात की चाँदनी में हो

सोचता हूँ तुम कौन हो, कहीं मेरी अंगड़ाई तो नहीं हो?

कभी मेरी घबराहट में हो, कभी मेरी मुस्कुराहट में हो
कभी मेरी चिल्लाहट में हो, कभी मेरी हड़बड़ाहट में हो

सोचता हूँ तुम कौन हो, कहीं मेरी सच्चाई तो नहीं हो?

कभी मेरी कहानी में हो, कभी मेरी सोच में हो
कभी मेरे सपनों में हो, कभी मेरे सामने खड़ी हुई हो

सोचता हूँ तुम कौन हो, कहीं मेरी आरज़ू तो नहीं हो?

कभी पंक्षी चहके तो तुम हो, कभी बहते झरनों में तुम हो
कभी हवा पेड़ छू के निकले तो तुम हो, कभी लहरें रेत टटोलें तो तुम हो

सोचता हूँ तुम कौन हो, कहीं मेरी ख़ामोशी तो नहीं हो?

कभी कबीर के दोहो में हो, कभी ग़ालिब के शेरों में हो
कभी मीरा के भजन में हो, कभी गुलज़ार के गीतों में हो

सोचता हूँ तुम कौन हो, कहीं मेरी आवाज़ तो नहीं हो?

कभी बच्चों की शिकायत में हो, कभी बीवी की आँखों में हो
कभी मम्मी की डाँट में हो, कभी पापा के कटाक्ष में हो

सोचता हूँ तुम कौन हो, कहीं मेरे दोष तो नहीं हो?

कभी किसी की ख़ुशी में हो, कभी किसी के दुःख में हो
कभी किसी की बातों में हो, कभी किसी की यादों में हो

सोचता हूँ तुम कौन हो, कहीं मेरे विचार तो नहीं हो?

कभी मेरी अपेक्षा में हो, कभी किसी की उपेक्षा में हो
कभी मेरे सवालों में हो, कभी किसी के जवाबों में हो

सोचता हूँ तुम कौन हो, कहीं मेरी उलझन तो नहीं हो?

कभी मुझे झंकझोर देती हो, कभी मुझे मचला देती हो
कभी मुझे भड़का देती हो, कभी मुझे तड़पा देती हो

सोचता हूँ तुम कौन हो, कहीं मेरी कमज़ोरी तो नहीं हो?

कभी किसी की उम्मीद में हो, कभी किसी के विश्वास में हो
कभी किसी की आदत में हो, कभी किसी की चाहत में हो

सोचता हूँ तुम कौन हो, कहीं मेरी ताकत तो नहीं हो?

कभी तुझ में देख लेते हो, कभी खुद में खोज लेते हो
कभी मुझ में ढूढ़ लेते हो, कभी कहीं खो जाते हो

सोचता हूँ तुम कौन हो, कहीं मेरी छाया तो नहीं हो?
बस सोचता हूँ तुझमें मैं हूँ और तुम मेरा अक्स हो

मैंने बहुत से दोस्त
इकट्ठे किए हैं।

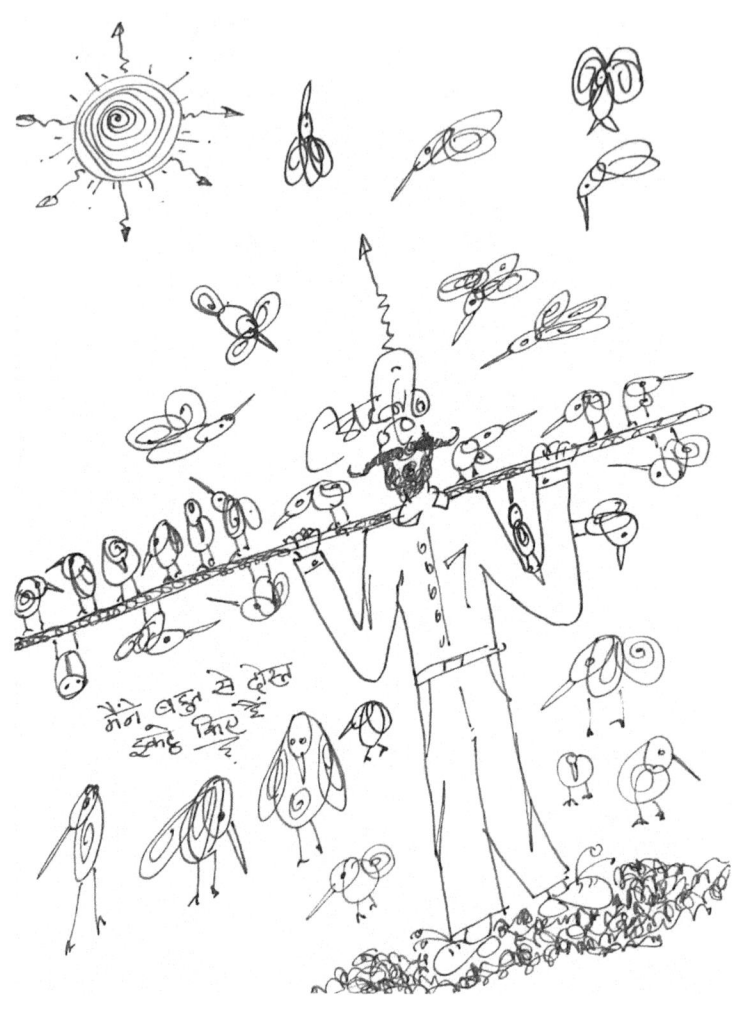

मैंने बहुत से दोस्त इकट्ठे किए हैं

कुछ सुनने के लिए कुछ सुनाने के लिए,
कुछ समझने के लिए कुछ समझाने के लिए
कुछ बार-बार रूठने के लिए कुछ बार-बार मनाने के लिए
कुछ बार-बार मिलने के लिए कुछ बार-बार बिछड़ जाने के लिए

मैंने बहुत से दोस्त इकट्ठे किए हैं,
कुछ पीठ दिखाने के लिए कुछ पीठ पर आघात से बचाने के लिए
कुछ झूठ बोलने के लिए कुछ सच छुपाने के लिए
कुछ दूर खड़े रहने के लिए कुछ दूर खड़े रहने का यक़ीन दिलाने के लिए
कुछ भरोसा करने के लिए कुछ का विश्वास बन जाने के लिए

मैंने बहुत से दोस्त इकट्ठे किए हैं,
कुछ चापलूसी करने के लिए कुछ हौसला बढ़ाने के लिए
कुछ तालियाँ बजाने के लिए कुछ सच्चाई बताने के लिए
कुछ गलतियां करवाने के लिए कुछ गलतियों में साथ निभाने के लिए
कुछ गलतियों को कारनामा बताने के लिए कुछ गलतियों का अहसास
दिलाने के लिए

मैंने बहुत से दोस्त इकट्ठे किए हैं,
कुछ राह दिखाने के लिए कुछ को रास्ता दिखाने के लिए
कुछ ढकेलने के लिए कुछ खींच ले जाने के लिए
कुछ साथ हँसने के लिए कुछ साथ आँसू बहाने के लिए
कुछ साथ चलने के लिए कुछ पास में बैठ जाने के लिए
मैंने बहुत से दोस्त इकट्ठे किए हैं,
कुछ साथ पीने के लिए कुछ साथ पिलाने के लिए
कुछ बस सूंघने के लिए कुछ चकना खा जाने के लिए

कुछ साथ पीटने के लिए कुछ हमेशा पिटवाने के लिए
कुछ छोड़ भाग जाने के लिए कुछ साथ डट जाने के लिए

मैंने बहुत से दोस्त इकट्ठे किए हैं,
कुछ याद करने के लिए कुछ रह रह कर याद आने के लिए
कुछ यादों में बस जाने के लिए कुछ चाह कर भी न भूल पाने के लिए
कुछ हाथ पकड़ने के लिए कुछ गले लग जाने के लिए
कुछ को कंधा देने के लिए कुछ मिट्टी ले जाने के लिए

मैंने बहुत से दोस्त इकट्ठे किए हैं,
कुछ के साथ बीते अच्छे पल कुछ के साथ निकल गए बुरे पल
कुछ के साथ बीता मेरा कल कुछ के साथ निकल जायेगा आने वाला कल
कुछ दोस्ती जताने के लिए कुछ दोस्ती मनाने के लिए
कुछ दोस्ती निभाने के लिए कुछ दोस्ती आज़माने के लिए

मैंने बहुत से दोस्त इकट्ठे किए हैं,
कुछ अकेले आगे बढ जाने के लिए कुछ साथ रहने पीछे आने के लिए
कुछ बढकर रुक जाने के लिए कुछ रुक कर साथ ले जाने के लिए
कुछ मिल जाते हैं इधर कुछ मिले जाते हैं उधर
कुछ जुड़े हुए हैं कुछ बिखर गए हैं जाने किधर

डोर

जब पानी मुट्ठी से सरक जावे, केवल हथेली गीली रह जावे।
निकल गयो वकत बापस नहीं आवे, तेरे हाथ अफसोस ठय जावे॥

ज़िन्दगी मानो तो बहुत छोटी होवे, और मानो तो बहुतै लंबी हो जावे।
सोच संकोच में लोग आगे बढ़ जावे, तोहे पास पीड़ा दरद धर जावे॥

जब-तब याद किसी की आवे, तो उनकी-तुम्हारी उमर और बड़ जावे।
चाहे जो भी विचार मन में आवे, बिना समय गवाये मिलने चले जावे॥

डोर लम्बी होवे तो छोर नजर न आवे, और जब समटे तो उलझ बो जावे।
बोले रे कबीरा नाजुक रिस्ते-धागे होवे, झटक से जे टूट भी जावे॥

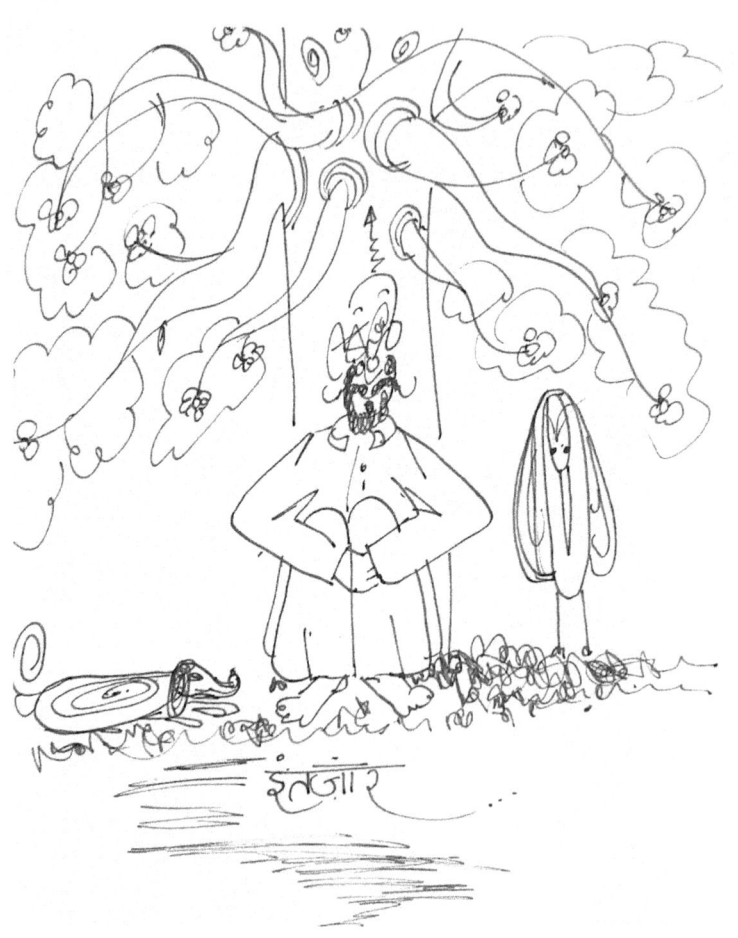

इंतजार

इंतज़ार

इंतज़ार इंतज़ार इंतज़ार... तुम्हे किसका इंतज़ार है

कोई प्यार के इंतज़ार में है
तो कोई सुकून का इंतज़ार कर रहा है

कोई खुशियों के इंतज़ार में है
तो कोई तक़दीर बदलने का इंतज़ार कर रहा है

कोई किसी चमत्कार के इंतज़ार में है
तो कोई ख़ुदा का इंतज़ार कर रहा है

इंतज़ार इंतज़ार इंतज़ार...
हम सब एक ज़िन्दगी के इंतज़ार में हैं,
वो ज़िन्दगी जो किसी और की है

इंतज़ार इंतज़ार इंतज़ार...
हम क्यों उस के इंतज़ार में है,
जो कभी हमारा था ही नहीं

नज़र

मुश्किलों की तो फ़ितरत है, आती ही हैं नामुनासिब वक़्त पर
अरे रफ़ीक वक़्त गलत नहीं, थिरका भी है कभी तुम्हारी नज़्मों पर

होठों पर हो वो ग़ज़ल, जो ले जाती थी तुम्हें रंगो संग आसमाँ पर
मुसीबतें नहीं हैं ये असल, वो ले रही इम्तेहाँ ज़माने संग ज़मीं पर

डरते है हम अक्सर ये सोच कर, नज़र लग गई ख़ुशियों पर
बोले रे कबीरा क्या कभी लगी, मेरे ख़ुदा की नज़र बंदे पर

सोच मत बदल लेना

अगर कभी आकर मेरा हाल पूछ लिए, तो मेरी हंसी को ख़ुशी मत बता देना
हम भी जब आएं मिज़ाज़ पूछने आपके, हमारी गुज़ारिश को फ़रियाद मत कह देना

बोले रे कबीरा वक़्त नाज़ुक़ नहीं होता, कभी उसकी नज़ाक़त हरकतों पर ग़ौर तो कर दो
न कथक को नाही कथा पर ध्यान हो, दाद हर थिरकन पर टूटे घुंघरूओं को दो

नदी की तक़दीर पता है रहीम को, चंचलता को तुम आज़ादी मत समझ लेना
समन्दर शोर नहीं करता अपने ज़र्फ़ का, उसके सुकून को ख़ामोशी मत समझ लेना

जो सुना तूने वो किसी के ख़याल हैं, हक़ीक़त समझने की गलती मत कर लेना
जो दिखा तुम्हे वो तुम्हारा नज़रिया है, सच समझ अपनी सोच मत बदल लेना

कुछ खाली
खयाल !!!

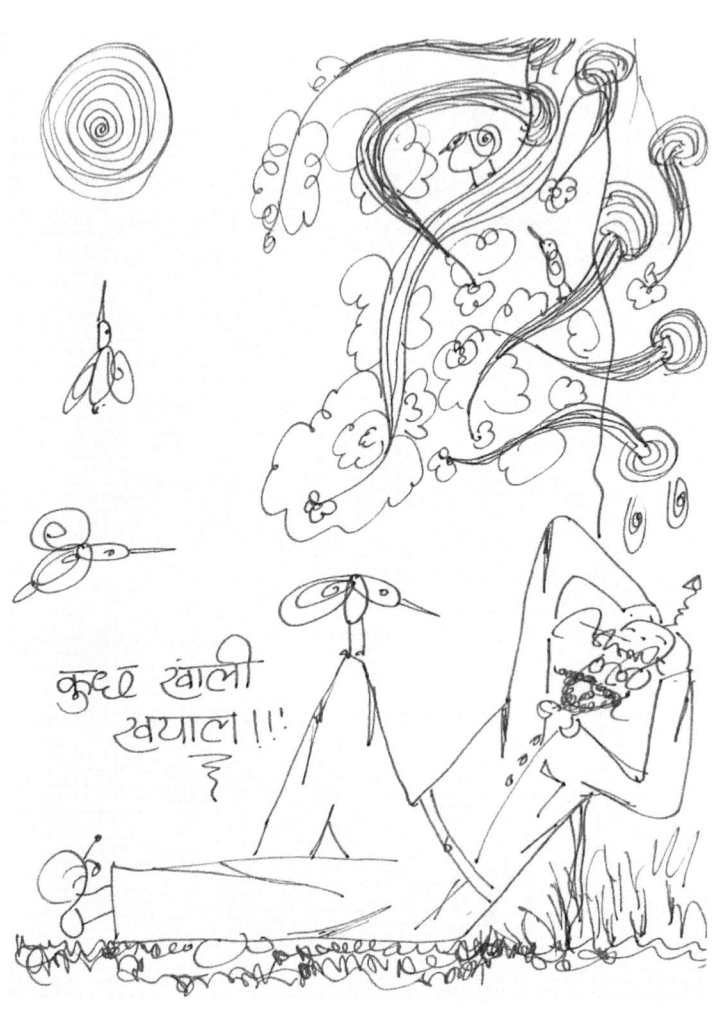

कुछ खाली ख़याल

खाली कमरे की मेज़ पर बैठे-बैठे, कुछ खाली ख़याल लिख पड़ा
और खाली ख़याली घोड़े दौड़ाने लगा, वो मंसूबे अब तक कामयाब हुए नहीं...

खाली तो प्याली थी, जिसमे अब ग़र्म काली बिना शक्कर की चाय है
और खाली वो मेज़बान भी था, जिसने रुक कर किया एहतराम बुजुर्ग का...

खाली तो काँच के ग्लास है, जो सजा रखे हैं किताबों के बीच उस अलमारी पर
और खाली वो क़िताब के पन्ने भी है, जो किसी ने नहीं पढ़े अब तक...

वैसे खाली तो पड़ी है वो महफ़िल की बोतल, बीवी का गुबार निकलेगा जिस पर
और खाली वो सोफ़े का कोना भी होगा, जिस पर देखी थी दो-तीन पिक्चर कल...

खाली तो घर भी लगता है, जब होते हैं बच्चे इधर-उधर
और खाली वो आँगन वहां भी हैं, जहाँ घरवाली-घरवाले करते है इंतज़ार त्योहारों पर...

वहां खाली तो दीवार है, जिसे सजना है एक तस्वीर से इस दिवाली पर
और खाली वो चित्र भी है, जिसे रंगा नहीं रंगसाज़ ने अभी तक...

आज खाली तो सड़क हैं, जहाँ जश्न मनता है किसी और की जीत पर
और खाली वो चौराहे-बाज़ार भी हैं, जहाँ से निकला था जुलूस जुम्मे पर

खाली तो धमकियाँ हैं, जो भड़का देतीं हैं दंगे किसी के इशारे पर

काश ! मैं बादल होता | 93

और खाली वो बयान भी हैं, जो ढकेलते हैं मासूमों को दहशत की राह पर...

खाली लगती उनकी बातें, जो डरते हैं चुनौती से
और खाली तो भैया वो वादे भी, जो नेता करते है बड़ी-बड़ी मचानों से...

देखिए... खाली तो चेहरा है, जो मायूस है बिना किसी बात पर
और हाँ... खाली वो ताली भी है, जो बजी थी तुम्हारी चापलूसी पर...

ज़रूरी बात... खाली तो वक़्त है, थोड़ा सुस्ताने थोड़ा शौक़ फ़रमाने के लिये
और खाली तो शाम भी है, जिसे रोक रखा है दोस्तों पर मिटाने के लिए...दोस्ती निभाने के लिए...

खाली तो मेरा दिमाग़ है, जिसे कहते है सब शैतान का घर
और खाली तो हमारा दिल भी है, कभी कभी भर जाता है सोच अच्छे बुरे पल... अच्छे और बुरे पल...

मज़े की बात ये है... आज लिख डाली स्याही से कुछ खाली शब्द,
खाली पन्नों पर...

भीड़ की आड़ में

भीड़ की आड़ में...कभी मजहब कभी जात, कभी अल्लाह कभी राम के नाम पर।

भीड़ की आड़ में...कभी रंग कभी बोल, कभी सफेद कभी काले के नाम पर।

भीड़ की आड़ में... कभी भक्ति कभी शक्ति, कभी जानवर कभी पत्थर के नाम पर।

भीड़ की आड़ में... पहले 1947 फिर 84, 89, 92, 2001... अब हर रोज किसी न किसी के नाम पर।

छुपा रहा है मानुष अपने पाप को, भीड़ की आड़ में हो के मदहोश।

रे कबीरा कब समझे आप को, किसी का नहीं खुद का है दोष॥

तू है गज

तू है वन में, तू है मंदिर में...
तू है सड़कों पे, तू है तमाशों में...
तू है भजनों में, तू है गीतों में...
तू है कविता में, तू है चित्रों में।

तू है वृक्षों का राजा, तू है दरियों का बादशाह...
तू है राजाओं की शान, तू है महोट की जान...
तू है जीत का प्रतीक, तू है क्रांति का गीत...
तू है कबीर के दोहों में, तू है बुद्ध के बोलों में।

तू है युद्ध की हुंकार, तू हैं शांति की पुकार...
तू है ज्ञानियों की प्रेरणा, तू हैं ऋषियों की चेतना...
तू है हर पूजा में, तू है हर जीबा में...
तू है बचपन में, तू है अंतिम दर्शन में।

तू है ऐरावत, तू है महमूद...
फिर क्यों... तू ही तड़पे, तू ही तरसे...
तू है अब सपनों में, तू है अब मन में...
तू है हमारी कोशिश, तू है हमारी कोशिश में।

तू है गज, तू है गज, तू है गज।

दर दर गंगे

बोलो सब माई की जय, चिल्ला-चिल्ला हर हर गंगे।
दूर होते जा रहे गंगोत्री में, छल-छल दर दर गंगे॥

प्रीत जतलाते सब मैया पर, चिल्ला-चिल्ला हर हर गंगे।
विचलित हो जाती ऋषकेश में, मंदिर-मंडप दर दर गंगे॥

आते सब पाने शुद्धि मुक्ति, चिल्ला-चिल्ला हर हर गंगे।
तिरस्कृत होती हर पहर हरिद्धार में, पल-पल दर दर गंगे॥

पवित्र करें सब गंगा जल से, चिल्ला-चिल्ला हर हर गंगे।
डरे हुए हैं सब नरौरा में, बूँद-बूँद दर दर गंगे॥

रुकते नहीं कदम किनारे चलते, चिल्ला-चिल्ला हर हर गंगे।
थक गई मैला धोते कानपुर में, नल-नाल दर दर गंगे॥

आरती गाओ गंगा मैया की, चिल्ला-चिल्ला हर हर गंगे।
बदहाल हो गई वाराणसी में, पैड़ी-पैड़ी दर दर गंगे॥

यहाँ जमघट हो लाखों का, चिल्ला-चिल्ला हर हर गंगे।
तरस रही पानी को इलाहाबाद में, तट-तट दर दर गंगे॥

मांगे वरदान विकास का, चिल्ला-चिल्ला हर हर गंगे।
सब जगह लुटी पटना में, पुल-पुल दर दर गंगे॥

प्रेरित हुए सदियों से पट पर, चिल्ला-चिल्ला हर हर गंगे।
ह्रदय चुभोता इतिहास कोलकाता में, कील-कील दर दर गंगे॥

देखन चले सब सागर मिले गंगा में, चिल्ला-चिल्ला हर हर गंगे।
गुम हो जाती मैया गंगासागर में, लहर-लहर दर दर गंगे॥

कहते हैं हम माँ जिसको, चिल्ला-चिल्ला हर हर गंगे।
बहाती जा रही बस आसूँ, घाट-घाट दर दर गंगे॥

करें हम रक्षा इसकी, चिल्ला-चिल्ला हर हर गंगे।
रखे मान सम्मान मैया का, हो ना-होगी ना दर दर गंगे॥

रिश्ते

सब को चाहिए आप से कुछ, आप को चाहिए सब कुछ।
कमी नहीं है रिश्तों में, नहीं है कच्ची यारी॥

नहीं करो किसी से अपेक्षा, न ही करो किसी की उपेक्षा।
केवल सोच से कुछ नहीं, कर्म ही है सब कुछ॥

गलती किस में देखे हो, ऊँगली उठाने से पहले सोचे हो।
एक तेरी दूजी पाथर के ओर, पर तीन टटोले हथेली होर॥

आप जो दे चले सब कुछ, मिल जाएगा सत्य सुख।
सब को चाहिए आप से कुछ, आप को चाहिए सब कुछ॥

शिकायत थी मुझको

शिकायत थी मुझे खुद से, तुमसे और थी यारों से,
शिकायत थी मुझे माता-पिता से, भाई-बहन और थी रिश्तेदारों से,
शिकायत थी मुझे साथी से, बच्चों और थी अपनों से,
शिकायत थी मुझे वर्त्तमान से, भूत-भविष्य और थी समय से,

शिकायत थी मुझे सभी से, आप से और थी भगवान से
शिकायत पर हँस पड़ा रे कबीरा, मुस्कुराया और बोला, मूरख!
शिकायत करते हैं वो, पास है जिनके सब कुछ और सभी,
शिकायत का मौका मिलता है उनको, जिनको पता नहीं कीमत
शिकायत की॥

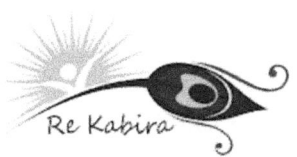

Re Kabira

आशुतोष झुड़ेले
Ashutosh Jhureley
@OReKabira

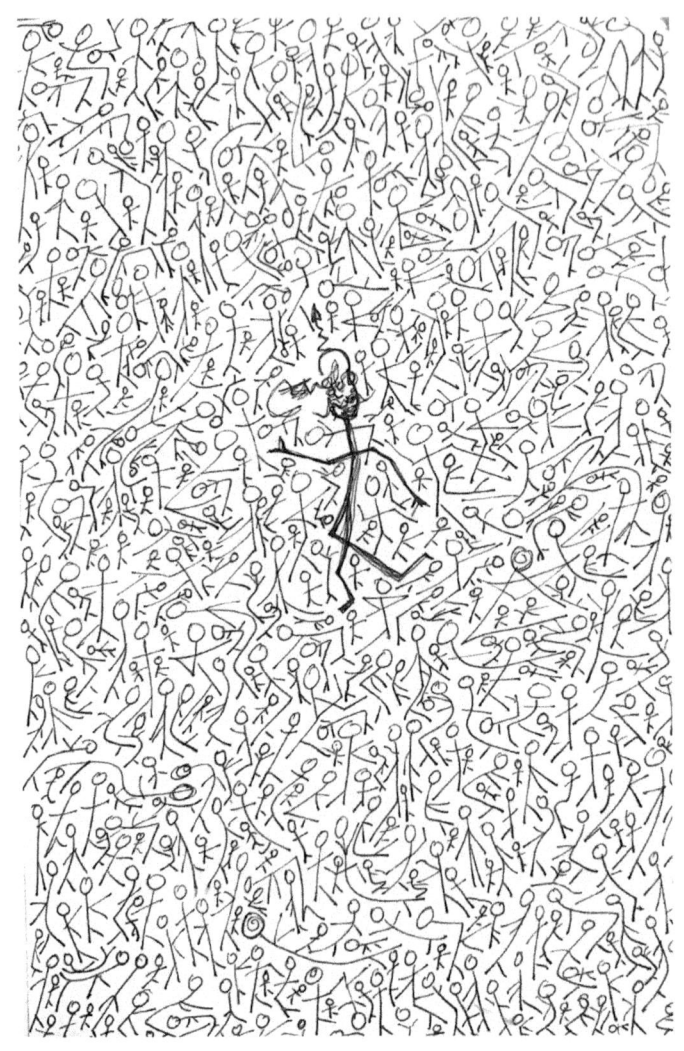

www.ingramcontent.com/pod-product-compliance
Ingram Content Group UK Ltd.
Pitfield, Milton Keynes, MK11 3LW, UK
UKHW040918010525
5724UKWH00014B/38

9 798892 225601